图解儿童
感觉统合训练

全彩图解实操版

李俊平　著

朝華出版社
BLOSSOM PRESS

图书在版编目（CIP）数据

图解儿童感觉统合训练：全彩图解实操版 / 李俊平
著 . -- 北京：朝华出版社，2018.5（2020.7重印）
ISBN 978-7-5054-4249-8

Ⅰ . ①图… Ⅱ . ①李… Ⅲ . ①感觉统合失调－训练－
儿童教育－特殊教育－图解 Ⅳ . ① G768-64

中国版本图书馆 CIP 数据核字（2018）第 073584 号

图解儿童感觉统合训练：全彩图解实操版

作　　者	李俊平

选题策划	艺良教育 付春琳
责任编辑	赵　曼
特约编辑	刘秀丽
责任印制	张文东　陆竞赢
封面设计	艺良教育

出版发行	朝华出版社		
社　　址	北京市西城区百万庄大街 24 号	邮政编码	100037
订购电话	（010）68413840　68996050		
传　　真	（010）88415258（发行部）		
联系版权	j-yn@163.com		
网　　址	http://zhcb.cipg.org.cn		
印　　刷	保定市正大印刷有限公司		
经　　销	全国新华书店		
开　　本	710mm×1000mm　1/16	字　　数	219 千字
印　　张	14		
版　　次	2018 年 5 月第 1 版　2020 年 7 月第 7 次印刷		
装　　别	平		
书　　号	ISBN 978-7-5054-4249-8		
定　　价	35.80 元		

感觉统合教育的创立者，美国著名心理学家珍·爱尔丝博士曾说过："人类遗传基因中，都有感觉统合的基本功能，每个幼儿生下来都有此本能。但这种本能必须在孩童时期和环境的互动中，在大脑和身体不断顺应反应下，才能够高度和健全地发展。"

研究表明，0~6 岁是儿童成长发育最为关键的时期。在这个时期，如果父母有目的、有意识地通过科学训练的方式给孩子创造丰富的感觉刺激，不仅可以提高孩子的感觉统合能力，还能提升孩子的协调能力，让孩子健康地成长。

感觉统合的确很重要！那么，什么是感觉统合呢？

感觉统合是大脑必须具备的功能，它是个体在某一环境中，由身体各部分感觉器官从环境中获取来自不同感觉通路的信息并将之输入大脑，大脑对收到的这些信息进行加工处理，然后给予相应恰当的反应，简称感统。

简单地说，当你看见书架上有一本书，这本书就作为一个信息被完整无误地传入大脑，通过大脑进行统合后，再指挥你用手将这本书拿起，这个过程就是感觉统合。

感觉统合伴随人的一生，其运作关系人的一切行为，如学习、人际交往、情绪控制、环境适应等。孩子从出生开始，已经学会用感觉来认识自己的身体及周围的环境。如果感觉统合失调，就如同

"营养不良"的大脑，无法获取各种信息的刺激，也就得不到营养的滋润，处理能力和速度就会变慢，甚至出现错误。

感觉统合失调有时表现得过于隐蔽，很多人常常把问题归咎于"天生性格不好""太懒惰""被惯坏了""没有上进心"等原因，常因此而错过了最佳矫正时间。出现感觉统合失调的孩子，在专业人士的指导下，可以通过训练的方式进行矫正。

值得重视的是，感统训练涉及心理、大脑和躯体之间的相互联系，而不只是一种生理上的功能训练，由于训练内容活泼、轻松、有趣，常常被看作是"儿童的健身运动"。感统训练是用来矫正的，更是用来预防的，它的作用就是促进儿童感统能力的进步，可以说每一个孩子都需要。

本书从感觉统合的基本理论出发，简单介绍了感觉统合的含义及相关知识，还介绍了感统训练的方法、要点和活动，以及智力训练的内容等。通过图文并茂的方式，希望把难懂的理论知识讲得浅显易懂，便于读者阅读和掌握。

每个孩子都是上天赐予父母最珍贵的礼物，孩子能够健康成长是父母最大的心愿。希望本书能让读者了解感统训练在儿童发展过程中的作用，提升孩子的感统协调能力，让天下每一个孩子更健康地成长。

目录

第1章 感觉统合训练：并非特殊儿童才需要

感觉统合是大脑必须具备的功能，它的作用伴随着人的一生。感统训练是通过游戏或运动的形式，在婴幼儿时期，对儿童健康成长精心设计的训练方式。感统训练可用来矫正，也可用来预防，它的作用是促进儿童的感统能力得到良好发展，可以说每一个孩子都需要进行感统训练。

第2章 熟知人体七大感觉：掌握儿童身体动向

瑞士著名儿童心理学家让·皮亚杰曾说过："智慧的根源来自婴幼儿期的感觉和运动发展。"孩子生下来就不断地通过人体的感觉系统来学习和积累生活经验。在这一阶段，如果能对他们进行有效的感统训练，建立完善的大脑神经通道，将有助于他们的健康成长。

第3章 感觉统合功能评估：了解儿童状况

在制订感统训练计划前，需要对儿童进行准确的综合评估。如何对儿童的感觉统合发展情况做出一个准确的描述呢？这是进行感统训练前必须要考虑的因素。

第4章 五大感觉统合训练：让儿童更健康

感觉统合训练涉及心理、大脑和躯体之间的相互关系，而不只是一种生理上的功能训练。要使孩子在训练过程中能够增强自信心和提高自我控制能力，掌握科学的训练方法、寓教于乐是非常重要的。

第5章 感统训练与智力培养：为儿童成长助力

感觉统合训练的过程是与智力开发共同进行的。儿童的智力包括注意力、记忆力、语言能力、想象力、思维力、观察力等。通过对这些能力进行针对性的感统训练，有助于提高儿童的整体素质。

第6章 家庭中的感觉统合训练：在摇篮中成长

感觉统合并不神秘，只要懂得感觉统合的理念，具备相关的操作知识，完全可以在家中利用一些常见的物品进行感统训练，许多游戏看起来很普通，但同样能达到很好的效果。

第1章

感觉统合训练：
并非特殊儿童才需要

感觉统合是大脑必须具备的功能，它的作用伴随着人的一生。感统训练是通过游戏或运动的形式，在婴幼儿时期，对儿童健康成长精心设计的训练方式。感统训练可用来矫正，也可用来预防，它的作用是促进儿童感统能力得到良好发展，可以说每一个孩子都需要进行感统训练。

正确认识感觉统合训练

∽ 什么是感觉统合训练

感觉统合训练是以游戏的方式，让孩子在玩乐中体验不同类型、多种层次的感觉刺激，以促进孩子的前庭觉、本体觉、视觉、触觉、听觉等感统能力的发展。在训练中引导孩子做出适应性反应以完善大脑功能，从而预防或矫正感统失调，最终达到提升孩子综合能力的目的。

感觉统合训练原来这么"接地气"！

感觉统合训练简称"感统训练"（以下均用简称），由于其训练方式活泼、轻松、有趣，常常又被看作是"儿童的健身运动"。

进行感统训练的最佳时期

一般来说，12岁之前是孩子感统训练的最佳年龄：3岁前是孩子感觉能力发展的关键期，可以预防感觉统合失调；3~6岁是孩子感觉统合失调最佳的补救时期；6~12岁是感觉统合能力发展矫正的有效期。

需要注意的是，进行感觉统合训练时，每次训练时间建议在1小时左右，训练持续至少半年。有些器材和游戏，不太适合年龄较小的孩子，应根据孩子的特点进行合适的感统训练。

进行感统训练的年龄参考

训练项目	参考年龄
感统基础	3~10岁

续表

语言发展专训	2~6 岁
情绪及人际交往专训	3~12 岁
注意力专训	5~12 岁
书写阅读专训	6~12 岁

感统训练的主要项目

感统训练的项目种类较多，有攀岩、抛接球、过独木桥、翻跟斗、滑滑梯、玩滑板车、转大陀螺、走 S 形平衡木、骑脚踏车及玩寻宝游戏、吹风游戏、抓痒游戏等。值得注意的是，每一类项目的训练，其作用是不一样的。它们的功能，我们在后续的章节中，将会逐一介绍。

制订感统训练方案需要考虑的因素

在对孩子进行感统训练时，应以实际情况为基础，不能凭空猜测想象。训练方案制订前，需要对孩子的智力、感觉统合能力进行准确的综合评估。在评估孩子感觉发展水平后，应由专业人员利用感觉统合训练器械，设计相应的游戏和做出训练计划。

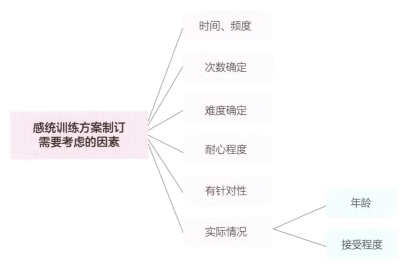

▲ 感统训练的方案应科学严谨

感统训练适合不同群体

感统训练可以预防、治疗、矫正感统失调，但并不是只适合有问题的孩子。它的主要作用在于提升孩子的感统能力，可以说每个孩子都需要进行感统训练。

不同发育阶段的孩子	感统失调的孩子	特殊孩子
•根据不同发育阶段的特点来制订训练方案 •12岁之前，孩子的感统失调可以通过感统训练进行矫正	•根据感统失调程度拟定训练计划 •强化触觉、强化平衡感、强化本体感等多种训练	•智力发展迟缓 •注意力缺陷型多动症 •学习障碍 •自闭症 •脑瘫

感统训练对孩子的影响

进行感统训练，可以让孩子改变注意力不集中、好动、暴躁、爱哭、咬手指等坏习惯。因为感统训练是为了孩子感统能力更好地发展而精心设计的，对出现感统失调的孩子有矫正作用。在游戏中，孩子的感受会通过各种感觉器官传递到大脑，给他带来比平时更加丰富的感受信息。这时感觉统合能力慢慢变强，而失控、焦虑、自卑等情绪也就随着自控能力、自信心的增强慢慢消失。

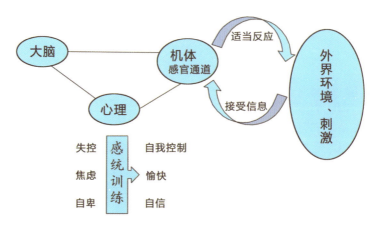

▲ 引导孩子对感觉刺激做出适当的反应

感统训练的主要作用

感统训练虽然大部分是以游戏的形式展开的，但并不只是供孩子自得其乐，而是通过这种游戏的训练提高孩子的感觉统合能力，如感知能力、学习能力、协调能力、自控能力等，是一种综合能力的培养与训练。

提高感知能力

- 通过各种感觉可以感知形状的特征，增强对物体的认识，提高对形状、颜色、质感的反应程度

- 教孩子在生活中多观察，如不能马上掌握，家长要有耐心，不能急于求成

提高学习能力

- 通过感统训练，可以同时给予孩子触觉、关节、肌肉、前庭等多种刺激

- 与游戏运动相结合，经过一段时间的训练后，孩子动作变协调，注意力改善，从而提高学习能力

提高协调能力

- 针对平衡能力的器械运动，可以改善孩子身体的运动协调能力

- 对于运动平衡能力差及动作不协调的孩子来说，训练后能得到有效改善

提高自控能力

- 感统训练不仅是对生理功能的训练，实际上也是大脑、身体、心理的综合互动

- 孩子在训练项目中取得成功，可以增加自信，情绪变得稳定，增强自我控制能力

改善脑神经生理抑制

- 通过感统训练可改善孩子的手眼协调能力，使运动速度和稳定性得到提高

- 对提高孩子的精细操作能力、视觉辨别能力和反应能力均有明显作用

塑造良好的性格

- 多与小伙伴相处，个性会变得开朗，学会合作，也会变得更独立

- 经常受到鼓励和称赞，可以改变孩子胆小、爱哭、暴躁和冷漠的状态，有助于孩子的身心健康

感觉统合训练的原则

感统训练对孩子不仅是一种生理上的功能训练，还是协调心理、大脑和躯体三者之间相互关系的运动。在训练过程中帮助孩子建立自信、体会自我控制的感觉，从而对心理产生积极影响。在进行训练时，应遵循以下原则：

感觉统合训练的原则								
以儿童为中心	针对性	兴趣性	快乐性	积极性	主动性	渐进性	成功	游戏性

以儿童为中心原则

1. 尊重儿童生长发育的规律

感统训练要遵循儿童发展的基本规律，按照项目要求进行合理练习。同时要参考其他个体的发育水平、发展形态，循序渐进地开展有针对性的训练。

2. 理解、尊重并支持儿童的差异发展

无论是培训机构还是其他监护人都应该对儿童的差异发展表示尊重，这是儿童训练工作的基本规律。

3. 突出儿童的主体地位

儿童是训练的主体，是训练活动的对象。训练机构与监护人的主要作用在于设计规划训练总体方案，创设训练情境、评价反馈、提示、启发。只有尊重并突出儿童的主体地位，才能调动儿童的积极性。

4. 以儿童的角度看待训练中的问题

"换位思考"即以儿童的兴趣和可接受性作为第一要素。训练人员不能以个人的喜好或成人的角度去对待儿童。另外，训练的强度和难度也要灵活掌握。

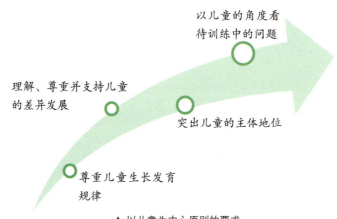

▲ 以儿童为中心原则的要求

针对性原则

1. 问题评估的针对性

儿童行为、日常活动、游戏表现、学习状态、身体接触、观察量表和评估表的记录都是训练时应该考虑的因素。

2. 训练方案实施的针对性

制订训练方案，应尊重儿童发展水平、学习能力、障碍特点、训练内容是否适合个性发展、进度是否适合，评估指标也要个别化，切忌采取统一的标准，避免出现相同的内容、要求和形式。

3. 评价反馈的针对性

评价反馈的针对性是指验证训练内容和方式是否符合当初的目标，借助评价可以更好地促进目标的实现。

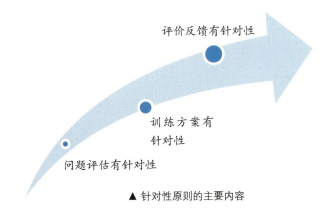

▲ 针对性原则的主要内容

兴趣性原则

1. 坚持以兴趣为主导

有兴趣才能产生积极性，如果儿童缺乏兴趣，训练方案得不到配合与执行，就无法达到预期的效果。训练中可以通过改变训练形式、调整项目顺序、改善训练环境的气氛等方式提高儿童的兴趣。

2. 有意识地处理训练与兴趣的关系

关注儿童训练完成时的心理、行为状态，及时对方案进行调整。

快乐性原则

良好的情绪是大脑思维的润滑剂，在感统训练中，坚持快乐原则，寓教于乐才能更好地完成训练。这需要训练人员给孩子创造快乐的训练环境，提供符合儿童心理的训练项目，从而让其感受训练过程中的快乐。

积极性原则

训练人员在训练中要给予孩子被接纳、受重视、积极肯定的正面回应。这样可以给孩子带来训练的动力，也能给家长以慰藉，让孩子与训练人员能够密切配合，从而使训练达到更好的效果。

主动性原则

强调孩子在训练活动中的地位，充分发挥孩子的主观能动性，避免训练人员及家长在训练过程中过度保护，出现不合理的支持与无谓的替代等情况。

渐进性原则

儿童的感统能力发展、训练都受到人体生理机能的制约以及各种规律的支配。因此，感统训练不是短期就可以见效的，需要持之以恒、循序渐进，这主要体现在以下几个方面：

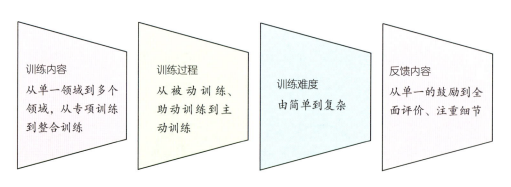

▲ 渐进性原则的主要体现

成功原则

感统训练最终是要成功完成所有设计的训练，对于参加训练的儿童来说，不但积累了成功的经验，也获得了积极的心理体验。这个原则对训练人员、参加训练的儿童和家长有直接的影响。

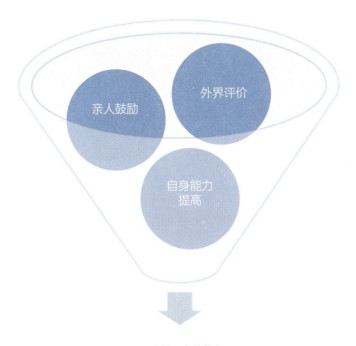

▲ 培养儿童的信心

游戏性原则

进行感统训练时可以把器械当成玩具，每一种器械都可以创造出灵活有趣的玩法。把训练穿插在游戏之中，是感统训练的特点，也是吸引儿童参与训练的主要动力。

✍ 感觉统合训练的主要分类

感觉统合训练有着明确的目的，针对性很强。它通过有计划、有组织的科学训练，不仅能给儿童的前庭觉、触觉、本体觉等带来丰富的感觉刺激，还能对儿童的语言发展能力、左右脑功能、人际交往能力进行强化，从而全面提升儿童的综合素质。

感觉统合训练的类型

训练类型		表现
触觉训练		胆小怕事、黏人、讨厌被人触摸等
前庭觉训练	前庭平衡感训练	身体不够灵活、笨拙、协调能力不佳、好动、语言发展迟缓、阅读有障碍、注意力不集中、容易跌倒、脾气急躁、缺乏组织能力及推理能力、身体双侧协调性差、自信心不足等
	弹跳训练	
	固有平衡感训练	
本体觉训练		方向感差、空间知觉不足、无法控制力量、害怕旋转、容易摔倒等
语言训练		理解能力差、沟通能力差、人际关系不佳等
左脑训练		理解能力差、身体不协调、本体感觉不良、语言组织差、表达能力不佳等
右脑训练		反应迟钝、焦虑紧张、想象力差等

▲ 左右脑训练

触觉训练

在日常生活中，触觉刺激是儿童接收最频繁的一种感觉信息。触觉训练的目的主要是为了增强儿童的触觉反应力、增强感觉的辨识层次、调整大脑感觉神经的灵敏度等。

▲ 从小对孩子进行触觉训练

常用的训练器材：按摩球、波波池、平衡触觉板等。

适宜群体：常常表现出胆小怕事、黏人、讨厌被人触摸、偏食挑食、不太合群，以及爱吃手、咬指甲等触觉过于敏感的儿童；看起来笨手笨脚、动作不灵活，做事情不太积极等反应迟钝的儿童。

前庭觉训练

前庭觉是影响儿童成长和学习发展中最为重要的一种能力，前庭觉的成熟与否与平衡感关系密切。前庭觉训练主要围绕平衡感进行，而平衡感的动作依赖于前庭器官、视觉器官和本体感受器三者共同的协作，因此前庭觉训练也侧重在这三个方面。

1. 前庭平衡感训练

前庭平衡感训练是为了调整前庭信息及平衡神经系统自动反应机能，促进语言组织神经健全、前庭平衡及视听能力完整程度。

固有平衡感训练　前庭平衡感训练

弹跳训练

▲ 前庭觉训练的三大侧重点

11

▲ 身体协调能力较差的孩子

常用的训练器材： 圆筒、平衡踩踏车、按摩大笼球、滑梯等。

适宜群体： 这类训练主要针对身体不够灵活、笨拙、协调能力不佳、好动、语言发展迟缓、视觉空间感差、阅读有障碍、注意力不集中、容易跌倒的儿童。

2. 弹跳训练

弹跳训练的目的是改善固有平衡，促进前庭平衡感觉、本体感觉和神经系统发展，以及促进左、右脑的健全发展。

常用的训练器材： 羊角球、跳床等。

适宜群体： 这类训练主要针对四肢不灵活、姿势不正确、注意力不集中、语言发展迟缓、胆小、情绪化、关节信息接收不足的儿童。

3. 固有平衡感训练

固有平衡感训练主要是改善身体与地心引力的协调，强化平衡系统，提高全身神经机能，为大脑发展打下基础。

常用的训练器材： 独脚椅、大陀螺、脚步器、竖抱筒等。

适宜群体： 这类训练主要针对脾气急躁、缺乏组织能力及推理能力、身体双侧协调差、自信心不足的儿童。

本体觉训练

本体觉的主要功能，是让儿童对自身躯体各部位的位置以及身体运动的方

▲ 从小对孩子进行本体觉训练

向、速度、幅度、静态、动态一系列的信息有所感知。本体觉训练主要是发展孩子的运动企划能力，提高孩子动作的精细度及不同肢体动作间的协调性。

常用的训练器材：跳床、晃动独木桥、滑板、S 形垂直平衡木、S 形水平平衡木、圆形平衡板等。

适宜群体：这类训练主要针对方向感差、空间知觉不足、无法控制力量、害怕旋转、容易摔倒的儿童。

感觉统合训练常用器材及训练方法

感觉统合训练所用的器材都经过专门的设计，因而对孩子有很大的吸引力。通过这些器材进行一些有趣的活动，孩子可获得大量的感觉刺激，从而促进感觉统合能力的发展。

感觉统合训练器具分类

类别		主要器材
第一类	球类	大笼球、小笼球、触觉球、羊角球（拉环羊角球）等
第二类	滑板类	大滑板、小滑板、滑梯、圆形滑车等
第三类	吊缆类	圆木马吊缆（吊马）、圆筒帽吊缆（横抱筒、竖抱桶）、四足位平衡吊缆、网缆
第四类	平衡类	万象组、触觉平衡板、独脚凳、跷跷板、蹦床、平衡踩踏车等

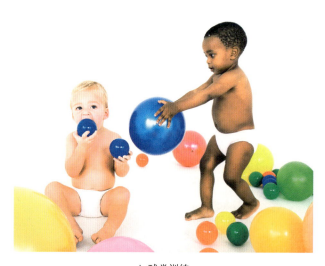

▲ 球类训练

球类器材

1. 主要作用

球类器材一般用于各类儿童的前庭平衡感和触觉训练，对调整固有前庭平衡神经体系、强化触觉神经、改善注意力和空间感知力有帮助。

2. 适宜群体

多动、注意力不集中、姿态不正、身体双侧

协调不佳、身体灵活性差、触觉发展不良、胆小黏人、情绪化等的儿童，均适合使用球类器材进行训练。

3.常见球类器材

（1）大笼球

大笼球又名钉子球、按摩球、触觉球、健身球，根据直径大小不同，球体大小不一。其主要为塑胶材质，有光面和粗面之分，弹性大，体积大，重量轻。通过充气可调节大小和弹性，能够改变重力体验，可以在上面坐、躺、趴、压。

粗面大笼球球面设计有突起，作为触觉刺激点，可用于刺激面积较大的部位，如躯干背部或腹部等；光面大笼球表面的细纹较缓和，给儿童的触觉刺激较弱，更适合训练初期或触觉敏感性高的儿童。粗面大笼球和光面大笼球可以交替使用，能够给儿童带来丰富的体验，提高儿童对感统训练的兴趣。

训练提示：①使用时需要有人看护，孩子不能独立使用。②活动场地要大，周围以及地面物品要清扫干净，预防孩子跌落后与坚硬的物品相撞。③防止头颈受伤。④训练时间视孩子情况而定，一般每周2~4次，每次20~30分钟。

▲ 大笼球按摩训练

15

▲ 羊角球

常见玩法：俯卧大笼球。让孩子俯卧在大笼球上，头部需要保持抬高，双眼看向前方，辅助者从后面抓住孩子的双脚，通过大笼球的运动，从各个方向拉动孩子的双脚，让他保持平衡，在这个过程中需要儿童通过手、脚、头部的平衡来保护自己。

（2）羊角球

羊角球，直径30~50厘米，因球体有两个竖起的手柄以方便抓握而得名，塑胶材质，弹力大、承载力大；按直径大小有不同的型号。训练时可让孩子抓紧手柄，坐在球体上，控制身体朝不同的方向运动。

训练提示：①羊角球对于躯干、头颈、下肢的平衡协调有较好的促进作用，触觉训练效果弱于大、小笼球。②运动范围要大一些，如果有多名儿童一起训练需要注意保持距离，预防碰撞。③适合3~5岁儿童游戏或训练时使用，需要家长协助陪同。④每次练习约10分钟。

常见玩法：蹦羊角球。让孩子骑在羊角球上，双手抓住球柄，身体略前倾，上下晃动，调整好姿势，向前蹦，可以直线蹦，也可以绕圈蹦，还可以在地面预先画好曲线，让孩子按线条蹦，或者设计障碍物，提高蹦的高度。

（3）弹跳球

弹跳球又名单环羊角球、拉环羊角球，或两个手柄连接在一起，直径大于45厘米。刺激强度更大，比较适合5~6岁的儿童使用。

训练提示：①弹跳球适合略大一点的孩子，除了适合平衡、前庭觉训练，还对下肢、腰腹部肌肉力量有促进作用，可以丰富训练内容。②5岁以下儿童攀爬有危险。③操作方法和羊角球基本相同。

（4）球池

球池又名海洋球池、波波池。球池形状和面积各有不同，一般为矮柱形。球池内的海洋球也叫波波球，直径6厘米左右，色彩很鲜艳，有弹性。球池约2/3填充海洋球。池壁由塑质弧形板连接而成，有软包的球池对年龄小的孩子更适合。

训练提示：①对触压觉、色觉的刺激更明显，其次是锻炼躯体的平衡控制。②孩子在其中翻滚、爬行、阻力行走、抓握海洋球，需要防止私人物品落入球池，伤害孩子。③进出球池需要成人帮助，玩的过程中需要成人看护，防止后仰时头颈撞击到没有软包的池壁。

▲ 小球池

滑板类器材

1. 主要作用

滑板类器材适用于视觉、听觉、触觉、本体觉、前庭觉等多种感觉的整合训练和身体动作协调性训练。这类器材通过给前庭带来丰富的触觉感受，由脊髓及四肢运动带来丰富的本体体验，以及眼球运动带来的视觉感受，从而使儿童产生适应性平衡反应，最终起到促进感统能力发展的作用。

2. 适宜群体

滑板类器材侧重于多动、触觉敏感、身体协调不良的孩子。

3. 常见滑板类器材

（1）滑板

滑板的基本构造是一块木板四个滑轮。板面多为木质或高密度板材，形状多为长方形、正方形，也有三角形、圆形、椭圆形的。轮子是万向滑轮，转向灵活。轮径大小决定滑板速度和难度。

训练提示：①孩子可俯趴在滑板上进行双手操控，前进、后退，手脚收缩、昂头，视线灵活；或仰卧在板上，双手抱头，双脚推板滑行。②防止滑轮碾压、挤压手脚。③禁止儿童站、蹲在滑板上。④训练时间视孩子情况而定，一般每周 2~3 次，每次 20~30 分钟。

常见玩法：飞机式。孩子以腹部为中心，身躯紧贴滑板，卧趴在滑板上，头颈部抬高、挺胸，双手双脚伸展同时提高，如同飞机起飞。6 岁左右的儿童可保持这种姿势 20~30 秒。

▲ 滑板训练

（2）滑梯

滑梯多为塑料制品。这种器材以斜坡滑道为核心，是孩子进行前庭觉、触觉、运动企划训练的重要设备。型号非常多，分室外、室内两种。

适用于感统训练的滑板分为两个部分：倾角为小于 30°（一般为 15°）的斜坡以及准备台。有的准备台外端设计有台阶，供儿童上下。小滑板和滑梯结合，可以提供更多体位的训练。

▲ 玩滑梯

训练提示：①孩子俯卧在滑板上由高处滑下来，速度、重力、身体位置不断变化，给前庭和本体感带来比较强的刺激。需要提前练习抱头翻滚的自我保护动作。②需要有成人全程看护。③滑行时手臂不可弯曲，也不要抓着滑板边缘。④场地打扫干净，防止碰撞。

常见玩法：滑梯运动。可以睁着眼，也可以闭上眼睛，按照要求以特定的姿态借助滑板，从滑梯上滑行下来。头颈、躯干、四肢的姿态都要按规定动作执行，滑行时还可以进行抛接球或智力游戏等来增加难度，丰富训练形式。

（3）圆形滑车

圆形滑车多为塑料材质，直径约 46 厘米，圆形主板，下面有万向轮。适合进行身体控制和前庭平衡训练。

训练提示：①可以与滑梯组合使用。②需要成人陪护，特别是在起滑、转向、停止时要控制速度。③适合单人或团体游戏时使用。④操作方法类似滑板。

吊缆类器材

1. 主要作用

吊缆类器材通过摇摆和旋转，可以给前庭带来丰富的感觉，对于强化肌肉和神经的固有感觉、加强本体感受都有帮助。

▲ 吊缆训练

2. 适宜群体

吊缆类器材主要针对身体协调能力差、多动、注意力不集中、阅读有困难的儿童。

3. 常见吊缆类器材

吊缆、吊台、吊马、吊筒，这个系列的器材大同小异，一般由支架和摆荡台两部分组成。吊缆，多为帆布或者化纤布材质制作；吊台，塑制或木制矩形台面；吊马，塑制或木制圆柱滚筒，表面由糙面布软包，水平悬挂在支架横梁上；吊筒，也叫竖抱筒，材质和吊马相似，竖直悬挂于支架上。摆荡台面一般距地面20厘米，可以根据儿童的身高调整。

训练提示：①吊缆、吊台、吊筒以摆荡为主，也可以旋转；吊马以摆荡为主。②可以穿插互动活动，例如抛接球、取东西等；可以睁眼或闭眼以坐或卧的姿势完成多角度的摆荡、旋转。③训练初期使用安全带，全程需要成人陪护。④速度不宜过快，时间不宜过长。

常见玩法：① 摇篮游戏。让孩子仰躺在吊缆中，如同在摇篮里一样，家长可轻轻地左右摇晃，预先设定好特定的目标，让孩子在摇动的过程中注视目标，也可以做其他的延伸运动，比如伸手去取某一位置的物品等。

②圆木马吊缆。让孩子俯卧在吊马上，四肢夹住木马，家长左右、前后地摇晃，每2分钟暂停一次，观察孩子的反应，再继续摇晃。注意观察由静到动、由慢到快的时候孩子的肌肉反应情况；可以在地上放几个玩具，让孩子在摇晃中取，训练手眼协调能力，对好动不安、阅读有障碍的孩子有帮助作用。

平衡类器材

1. 主要作用

平衡类器材用于各种平衡感训练，通过各种训练方式改善儿童触觉、平衡觉、空间感知能力。

2. 适宜群体

适合站无站相、坐无坐相，容易跌倒，东西拿不稳，走路有时撞墙，好动不安、注意力不集中等的儿童。

3. 常见平衡类器材

（1）平衡触觉板

平衡触觉板，多为塑料制品，表面有各种形状的触压刺激点，由多种颜色的直片和曲片组成，通过拼接形成直线或曲线。

▲ 平衡游戏

训练提示： ①平衡触觉板可以让孩子自己随意拼装。②触点对脚底的皮肤和穴位有刺激作用，可以手、脚、膝并用。③可以在睁眼或闭目状态下正着走、倒走、侧走，身体各部位主动或被动触摸。④清洗手脚部位，防止汗液打滑。

常见玩法： 爬行触觉板。让孩子光脚或穿薄袜，以手、脚、膝盖着力。在平衡触觉板上爬行时，家长需要陪护在左右，多给予关注、支持和鼓励。

（2）平衡木

平衡木主要为木制品或塑制品，一般由底座和横梁两部分组成。有的没有底座，稳定性好但难度低。横梁主要有直线型、曲线型等。横梁的行走面长约200厘米，宽约10厘米，距地面高约30厘米。

训练提示： ①前行、后退、侧行等各种姿势，可以通过在行走中完成各种指令以提高难度。②需要家长全程陪护，上、下平衡木时注意打滑，防止边角处对脚踝、脚趾造成伤害。③训练时间视孩子情况而定，一般每周2~3次，每次20~30分钟。

常见玩法： 平衡木大步走。根据孩子的情况，可以设计不同的难度，如走半程、走全程，单手持物、双手持物，侧着走、倒退行走等。如果孩子表现出害怕，家长可以做示范，或跟在孩子后边走，或在侧面给予协助，如拉着孩子的手或扶着他的肩膀，但只在需要时才给予扶持。

（3）平衡台

平衡台又名平衡板，主要为实木或高密度板制品。平衡台由台面和台垫组成，有单人台和双人台之分。台面有的粗糙，适合低龄儿童或障碍程度重的儿童；有的光滑，适合大一点儿的孩子。训练时可以在台面上卧、坐、跪、立。台垫的曲度决定平衡台的难度和刺激强度。

▲ 平衡板

训练提示：①孩子以多种姿势完成前后左右摆动，行走、跳跃，抛接球。②平衡台周围应该布置软垫，上台和下台需要关注孩子是否需要扶持，预防孩子磕碰到平衡台。③双人台可以让两名孩子配合摆荡或一翘一落。

常见玩法：摇晃平衡台。孩子站在平衡台上，家长在台下缓慢摇动，观察孩子的头部、躯干、手脚为保持平衡所表现出的姿态，这种姿态对前庭觉、固有平衡觉、视觉统合的改善有帮助。还可以让孩子双手伸展，闭上眼睛，或者缓缓移动身体，有利于前庭觉的改善。当孩子在平衡台上比较自如时，可以玩抛接球游戏，由少到多，增加游戏难度。

（4）蹦床

蹦床又名蹦蹦床、跳跳床、蹦跳床，由床架、床面和弹簧组成，常见直径有90厘米、100厘米、130厘米等。感统训练用到的蹦床主要有两种，一种是充气类的，一种是钢架网布蹦床。由于蹦床的弹性、韧性较好，可以供1~2名孩子训练使用。

训练提示：①可以自由在蹦床上弹跳、双腿分合跳、前后交替跳、跳跃转体、跪跳等。②排除周边障碍物，跳跃时孩子应双臂屈曲放在胸前，需要成人全程陪护。③训练时间以孩子具体情况为准，一般幼儿每次跳约80~100下，每周2~3次，每次20~30分钟。

常见玩法：弹跳。家长可以背着孩子在蹦床上跳跃，减少孩子的恐惧感。跳跃时可以进行90°或180°回转；孩子俯卧或仰躺在蹦床上，当别人跳跃时孩子的身体会发生位移，这对孩子的重力体验和前庭感受有帮助。鼓励孩子在跳跃时大笑或唱歌，放松精神，减少紧张。抛接球也是常见的提高难度的方法。

▲ 蹦床训练

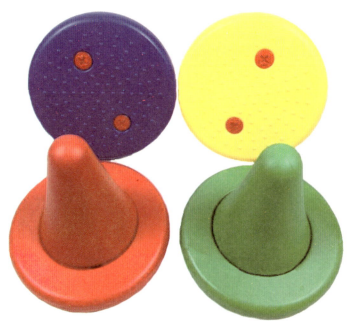

▲ 独角凳

（5）独角凳

独角凳，也叫独角椅，由凳面和凳腿组成，凳腿只有一个。凳面为圆形，直径约 20 厘米；凳腿又小又钝，多为塑料制品。

训练提示：①一腿屈膝 90° 支撑，一腿伸平，保持平衡。②地面应该保持平坦，四周没有障碍物，坐稳后再进行训练。

常见玩法：坐独角凳。双腿支撑坐在凳子上，左右摇摆，做伸臂练习，训练过程中保持身体平衡。还可以进行拍球练习。

（6）平衡脚踏车

平衡脚踏车又名协力脚踏车、双人脚踏车，钢塑制品，有 2 块踏板、4 个轮子和 2 个扶手组成。

训练提示：①适用于平衡感和本体感不足的儿童，也可以锻炼膝关节的灵活度。②防止身体侧翻，防止行进中夹挤脚面，低龄儿童需要成人贴身保护。

常见玩法：学骑脚踏车。孩子用手扶住手柄，保持平衡后，再用力踩踏，操纵脚踏车向前行进或后退。当操作熟练后，可以把扶手拆下，自由操控车子进退。在踩踏过程中，可以做投篮动作以提高训练难度。

第2章

熟知人体七大感觉：掌握儿童身体动向

　　瑞士著名儿童心理学家让·皮亚杰曾说过："智慧的根源来自婴幼儿期的感觉和运动发展。"孩子生下来就不断地通过人体的感觉系统来学习和积累生活经验。在这一阶段，如果能对他们进行有效的感统训练，建立完善的大脑神经通道，将有助于他们的健康成长。

触　觉

ᴄ 什么是触觉

触觉一般是指分布于全身皮肤上的神经细胞接受来自外界的温度、湿度、疼痛、压力、振动等方面的感觉。狭义的触觉，指刺激轻轻接触皮肤，触觉感受器所引起的肤觉；广义的触觉，还包括增加压力使皮肤部分变形所引起的肤觉，即压觉，一般统称为"触压觉"。

儿童第一个"醒"过来的感觉

触觉是人体发展最早、最基本的感觉，也是人体分布最广、最复杂的感觉系统。它是儿童第一个"醒"过来的感觉，每个儿童都会通过对轻、重、尖、顿、冷、热等感觉刺激的体会来探索世界。透过多元的触觉探索，有助于促进动作及认知发展。因此，良好的触觉刺激是孩子成长不可或缺的"营养"。

触觉感受器的分布

触觉的感受器分布于全身的皮肤和肌肉中，每个部位的敏感程度不同，鼻、口、唇、指尖等处的感受器密度最高，触觉最灵敏；腹、胸部次之，手腕、足等处最低。

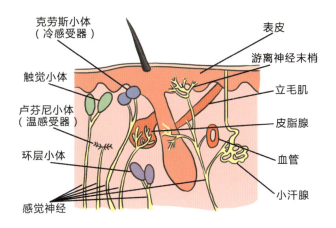

克劳斯小体
（冷感受器）

表皮

游离神经末梢

触觉小体

立毛肌

卢芬尼小体
（温感受器）

皮脂腺

环层小体

血管

感觉神经

小汗腺

▲ 皮肤结构示意图

触觉能力分类

触觉能力分为触觉辨识和触觉防御两部分。

触觉辨识：需要大脑皮层的中枢神经系统参与。它包括描绘触感、定位感，认识物体形状大小的实体感觉，重量感等。

触觉防御：其信息大部分传至脑干即停止，脑干的功能主要是判断这些刺激是否有危险性，以便做出逃避的反应。少部分的刺激再往上传至大脑皮层，从而分辨刺激的位置及性质。

触觉辨识

触觉防御能力

大脑对触觉信息存在记忆和辨认的结果

让孩子了解环境的安危，进而保护自己

能够让孩子积累软硬、冷热、不同材质的经验

当遇到烫伤、刀割这样的危险信息时，会自主地进行回避，保护自己免受伤害

▲ 触觉能力分类及作用

27

触觉发展的三种方向

正常范围	既可以接受很亲密的触摸，也可以跟别人保持适当的距离
触觉敏感	很多触觉的感觉都无法接受，如不喜欢别人触碰，或不喜欢触碰别人。由于剖腹产，以及食品添加剂的使用，触觉敏感的孩子越来越多
触觉迟钝	很难感知细微的变化。如年龄很大的孩子去打针，打时感觉不到痛，打完拔出针时才觉得痛

触觉发育的关键时期

触觉是最早需要发展的感统系统，0~4岁是触觉发展的关键时期。早到宝宝在妈妈子宫里几周的时候，触觉发育就开始了；从出生到三个月，可通过大量的抚触、按摩等来丰富孩子的触觉体验。

触觉发展的过程

在怀孕期间，胎儿经由触觉触摸子宫壁和自己的身体，产生对身体的第一个无意识感觉

孩子在自然出生的过程中，经由产道的挤压体验触觉

出生后通过哺乳（接触母亲的乳头）或奶粉喂养（接触奶嘴）体验触觉，嘴唇和口腔的触觉非常好

2~3岁时，孩子的长臂可以触摸到全身

3岁以后，孩子会以不同的方式运用触觉

❧ 触觉的功能

触觉系统提供给大脑的信息最多、最复杂且分布最广泛，这些信息大多呈现多元化和复杂化，使触觉功能的范围涵盖也相当广泛。如安抚情绪、促进成长、提高保护与防御能力、促进认知发展等。

安抚情绪	触觉对孩子情绪及亲子之间依恋关系的建立起重要作用。孩子哭闹时被家长抱在怀里或轻拍几下，情况就会好很多，这种安抚使孩子身体感到舒适，情绪得到释放
促进成长	丰富的触觉体验赋予身体发育的推动力，迷走神经会更加活跃，生长激素、胰岛素的分泌也会增加，表现在体重和身高会有明显的增长。如果长时间缺乏抚摸、拥抱，各种激素分泌减少，会给机体发育带来不良影响
提高保护与防御能力	触觉感受有利于孩子对外界环境的危险程度做出判断，以便做出逃避的反应。如遭受刺、烫等刺激时，出于自我保护，身体会本能地做出缩回、逃避、遮挡等反应
提高精细运动能力	触觉对手、脚、口唇等部位精细运动发展起关键作用。手部触觉的辨识和敏锐度能强化手部精细动作的协调程度，如触摸掌心可引起婴儿的抓握反应，触摸口唇可引导婴儿的吸吮反射等
促进认知发展	婴儿知道身体在外部世界的位置，挪动身体、改变方向都是先从触摸开始的。大小肌肉、手指灵活度随着触觉的发展会得到锻炼和改善
视觉的补充	婴儿出生后视力很弱，触觉的弥补对视知觉的形成有促进作用，通过触觉对大小、形状等的感知，能提高视知觉的敏感度
特别的交流方式	触觉是一种婴儿和父母特别的沟通交流方式，父母对婴儿的拥抱、抚摸、拍打能传达出关心、爱护。对于失聪、失明者，身体接触更能弥补视觉、听觉信息的缺失

❧ 影响触觉发展的因素

儿童的触觉不仅是最早开始发展的，还是最主要的感觉神经系统，同时会影响到其他神经系统。它影响着孩子的情绪、运动、吃饭、睡眠、社交等方面，也对孩子的安全感有着重要的影响，它的发展至关重要。在养育孩子的过程中，既要对影响触觉发展的因素有所了解，也要注意抓住促进触觉发展的关键时机。

影响触觉发展的三个关键因素

从生理学的角度来看，触觉发展主要受外界刺激、触觉接收器、大脑的影响。

外界刺激	触觉接收器	大脑
· 不同种类、材质的物体，冷或热，粗糙或细腻，硬或软，这种外界的刺激带来不同的感觉	· 内部触觉以消化系统等为内部接收器，外部触觉主要以皮肤为外部接收器	· 触觉发展中最重要的环节就是大脑如何接受、处理收到的刺激。而这些又不断地给大脑带来新的刺激，在大脑发育中起重要作用

▲ 影响触觉发展的因素

影响触觉发展的其他因素

触觉发展还受孕育期、生产方式、喂养方式、活动范围、保护程度等影响。

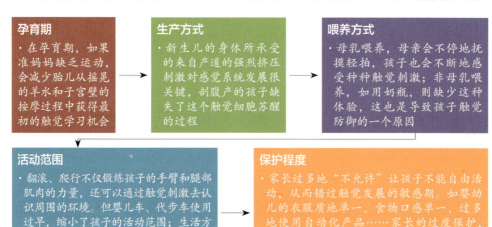

▲ 影响触觉发展的其他因素

〰 触觉失调的表现

由于养育不当或缺乏训练刺激，许多孩子在成长过程中容易引发触觉失调。触觉失调一般分为触觉过度敏感和触觉低度敏感两种类型。

触觉过度敏感

触觉过度敏感是一种"脑神经轻微发展不全症"，指的是大脑因从触觉系统接收到的信息可能是错误的，而做出错误的判断、行为，使机体不能有效运作。所以在行为、听觉、视觉上会异常执着，脾气相当固执。

触觉敏感的孩子，常会衍生出前庭觉不足、好动不安的情况，情绪化及笨拙等现象。

导致触觉过度敏感的因素很多，如剖腹产、早产等，还有教养方面的因素，如过于保护、溺爱，受到恐吓等。

感统训练助手

作为家长，要学会逐步让孩子多接触人或物，慢慢减少孩子在接触过程中的防御行为或厌恶的情绪。在引导孩子时，可以先示范给孩子看，然后解释给孩子听，让孩子理解这是一个安全的过程，进而鼓励孩子参与进来。不能强迫孩子去碰触任何他不愿意碰触的东西，否则会适得其反。

触觉低度敏感

触觉低度敏感分为触觉被动、触觉渴望两种情况。

触觉被动：触觉被动的孩子看起来安静、悠然自得，有点懒懒的，是比较"乖"的，但是由于处理感觉输入的速度不够快，这类孩子容易出现学习障碍。

触觉渴望：这类孩子喜欢上蹿下跳、跑来跑去，喜欢自己转圈，他们常被定义为淘气或者"坏"孩子。

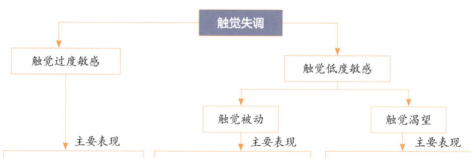

触觉失调		

触觉过度敏感 | **触觉低度敏感** |

| | **触觉被动** | **触觉渴望** |

主要表现 | 主要表现 | 主要表现

在婴儿时期不喜欢被抱，偏食、挑食、不爱吃菜，爱吃手或咬指甲盖，情绪不稳定，爱发小脾气，黏人爱哭，性情孤僻，对小伤小痛特别敏感，不合群或者不会和别人玩，爱招惹人，怕别人触碰自己，容易吵架，小动作多，坐不住 | 对轻度受伤、对疼痛的忍受度较高；可能自我伤害，如敲头、掐身体等；做精细动作时遇到困难，如扣纽扣、拉拉链等；意识不到穿衣不整齐；只凭借触觉较难分辨出物体的物理性质，如形状、质地等；在看不到的情况下，较难用触觉辨认物体；可能会怕黑 | 渴望碰触，喜欢碰触身边的东西；经常弄伤宠物；和小朋友相处时，容易打、掐、咬别人的小朋友；喜欢摸表面或者纹理较粗糙的物体；喜欢把头发绕在手指上；喜欢玩那些会把自己弄"脏"的游戏；吃饭口味偏重，如很辣、很甜、很酸；喜欢穿比较紧的衣服 |

· 教养答疑 ·

孩子为什么一碰就哭

楚楚是一个非常漂亮的小姑娘，很多人见到她就忍不住想抱一抱，但小姑娘常因此而受惊并哭叫。她的妈妈非常苦恼，因为除了从小带她的奶奶外，楚楚对别人的亲近行为都很排斥，甚至也不喜欢跟妈妈太亲近。尤其给楚楚梳头、洗澡时，她都会挣扎得很厉害，哭得声嘶力竭，让人看着心疼。楚楚就像一个"瓷娃娃"，亲近不得，让妈妈不知道该怎么办才好……

楚楚的表现是感觉系统中触觉功能失调所造成的。从案例中来看，楚楚属于触觉敏感，这类孩子面对来自外界的触觉刺激时，犹如惊弓之鸟，反应强烈。他们因无法适当地处理来自外界的刺激，逐渐形成了用"排斥"的方式应对。建议父母经常爱抚自己的孩子，可以在孩子洗脸、洗澡或睡觉前，用手或柔软的毛巾，轻擦孩子的手脚、背等部位。适度的爱抚是与孩子的触觉系统建立良好关系的基础，也是孩子形成安定情绪的有效方法。

☙ 触觉对儿童发展的影响

触觉是提供给孩子有关周围环境信息的最主要来源之一，对孩子的成长影响很大。如睡眠、运动、社交、情绪、饮食等。

影响情绪 触觉轻微失调的孩子，对外界触觉信息会产生不正常的反应，如果大脑长期处于一种不安的状态，严重时会导致对触觉刺激表现出厌恶

影响饮食 对饮食的影响主要是由口腔触觉失调引起的。口腔触觉迟钝的孩子吃饭时囫囵吞枣，口腔触觉敏感的孩子对饮食也会比较挑别

影响社交 良好的触觉带来良好的触觉体验，如果触觉出现问题会让孩子在社交中无法自如地与人交流。触觉迟钝的孩子会因为控制不好力度而把握不好社交距离，触觉敏感的孩子抗拒陌生人的靠近和碰触

影响睡眠 体现在换了床单、被套后，孩子难以入睡或睡不踏实；换季时睡眠变差，这是对温度和湿度的触觉敏感性表现；其他如纸尿裤的舒适度、贴身衣物的柔软度等变化会让触觉敏感的孩子无法适应，会让他们在夜间频繁醒来

影响运动 对某些环境表现出过度紧张，如在泥潭、沙地、菜市场等环境下表现出抗拒的情绪，这是触觉敏感带来的影响。它直接限制了孩子的运动方式、运动量，会对孩子的手脚灵活性、上下肢协调性的发展不利

▲ 触觉对孩子发展的主要影响

前庭觉

🐛 什么是前庭觉

在大脑后下方脑干的前面，有个很小的雷达式感应器官，叫前庭神经核，由此组成的神经体系的功能，便是前庭觉。前庭觉也被称为平衡觉、静觉，是大脑功能的门槛，也是影响儿童成长和学习发展最重要的因素之一。

前庭觉：孩子平衡感形成的关键

前庭觉掌管人的平衡感，能避免孩子在行走时跌倒，并进行自我保护。前庭平衡与日常生活息息相关，从行站坐卧、吃饭洗澡、搭车骑车到读书写字，都依赖前庭觉的协调。

前庭觉接收器

前庭觉接收器位于内耳平衡器官，组成部分包括三个骨半规管、球囊、椭圆囊，每侧内耳的三个骨半规管分别为前骨半规管、后骨半规管和外骨半规管。

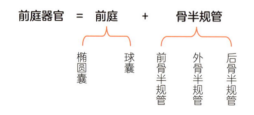

前庭器官 ＝ 前庭 ＋ 骨半规管

椭圆囊　球囊　　前骨半规管　外骨半规管　后骨半规管

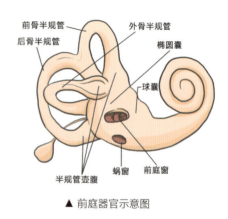

前骨半规管　　外骨半规管
后骨半规管　　　椭圆囊
　　　　　　　　球囊
半规管壶腹　　蜗窗　前庭窗

▲ 前庭器官示意图

前庭觉发展指标（胎儿期至 1 岁）

前庭觉系统是人体的感觉系统中最早成熟的，从胎儿期开始，宝宝的前庭觉发展就十分迅速。

前庭觉的发展过程

胎儿期

婴幼儿的前庭觉发展大概在受精 8~9 周后就已形成，10~11 周左右开始做动作，5 个月时可以感受母体的身体活动

新生儿

新生儿对移动有明显的感觉，并会做出反应

出生 1~3 个月

宝宝能感受到自己身体和重力的感觉，可做出相当多的顺应性反应

出生 4~6 个月

宝宝头部非常有力，可以抬头和转头。6 个月大时，宝宝可同时抬头、挺胸，并将手臂和腿抬离地面，依靠肚子来平衡全身

出生 7~9 个月

宝宝由俯卧转换至趴着的姿势，能移动身体，并在移动过程中学习空间结构和距离概念

出生 10~12 个月

宝宝可以爬得更远，并且和四周的环境产生更密切的关系。宝宝开始站起来，学习用双脚来支撑与平衡身体，并练习跨步走路

前庭觉启蒙游戏

前庭觉从胎儿时期已快速发展，越早给予孩子的前庭觉适当的刺激，对孩子的平衡感、反应速度及动作敏捷、情绪稳定越有益。家长要好好把握胎儿期到出生 1 岁间的启蒙良机，多与孩子互动。

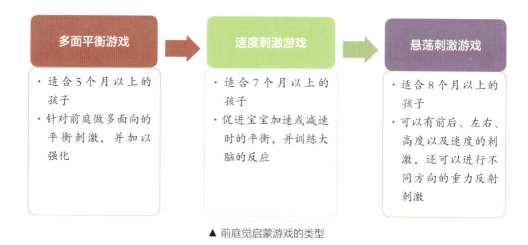

多面平衡游戏	速度刺激游戏	悬荡刺激游戏
· 适合5个月以上的孩子 · 针对前庭做多面向的平衡刺激，并加以强化	· 适合7个月以上的孩子 · 促进宝宝加速或减速时的平衡，并训练大脑的反应	· 适合8个月以上的孩子 · 可以有前后、左右、高度以及速度的刺激，还可以进行不同方向的重力反射刺激

▲ 前庭觉启蒙游戏的类型

前庭觉的功能

前庭觉是大脑发展最重要的基础，也是影响儿童成长和学习最重要的系统，它的功能主要有以下几个方面。

信息过滤，为大脑减负

前庭觉负责接收并过滤脸部正前方视、听、嗅、味、触觉的信息，给大脑减负，使注意力集中。前庭觉发展得好，对今后有关视听内容的学习有利。

人体平衡的关键因素

作为大脑的门槛，整个身体的触觉、关节活动信息也会经前庭觉处理，前庭觉需要和平衡感完全协调，取得前庭平衡，人才能正确感知自身的空间位置。

前庭系统对肌肉张力、筋肉关节的活动都有引导作用，影响姿势和平衡反应的功能。还影响大脑对头部位置的判断，帮助身体确定方向和距离。

人体能够维持平衡，需要前庭觉、视觉、本体觉三者共同协作。三者只要其中任何一种感受器向中枢传入的冲动与其他两种感受器传入的冲动不协调，人体便会产生眩晕。

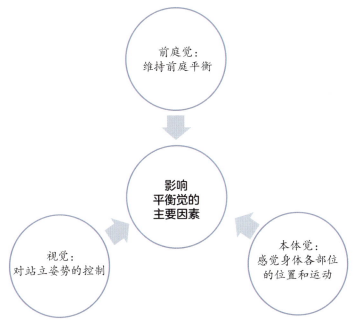

▲ 前庭觉对人体平衡具有重要作用

与其他感觉系统的关系

前庭觉的发展与眼球的追视能力、阅读能力、注意力、触觉等密切相关。此外，语言发展涉及视听觉及嘴、舌、喉、声带、腹部等的肌肉动作，所以如果前庭觉失调，会给儿童语言发展带来障碍。

对婴幼儿成长发育极其重要

对于成长中的婴幼儿来说，前庭觉的发展在其身体发育过程中的作用无可替代。婴儿的所有动作——抬头、踢腿、走路、挥手、摇晃身体等，都需要反复地练习，加强这种感觉认识，能使身体机能得到正常发展。

∾ 前庭觉失调的表现

前庭觉是人类学习的枢纽，是大脑功能的门槛，它的发展水平与孩子的语言、认知、社交、思维等发展水平密切相关。前庭觉失调意味着大脑不能有效地处理感觉信息，主要表现在以下几个方面：

影响信息处理

- 前庭系统可以随时告诉我们头和身体的方向，视觉反馈的信息因此才有意义。前庭觉发展不良的孩子，视觉很难跟着目标移动，也很难将双眼由一点移到另外的一点
- 眼肌和颈肌上的信息反应处理也会发生问题，使眼球的移动不平稳，常会以跳动方式去抓住新目标，造成孩子在阅读、玩球和划画时感觉有困难
- 前庭神经会将信息由脊髓椎体神经体系传达到身体各部分，通知肌肉收缩和运动，同时也会将这种肌肉和关节的信息传到前庭神经核及小脑。
- 如果这方面功能不佳，便无法达成感觉的统合，孩子会出现走路时跌倒或撞墙，动作上也显得笨手笨脚，甚至害怕行动等情况；还会造成感觉信息严重不足，影响身体的协调能力

影响视觉空间判断能力

- 空间感来自于身体和重力感的联系，前庭觉发展不良，会产生无法判断视觉空间的现象
- 缺乏重力感的孩子，很难有空间透视感，常无法判断距离和方向，写字时常把数字或偏旁部首写反，出现阅读困难，在人多的地方容易迷失方向

影响注意力

- 前庭体系中的网状组织的作用在于帮助大脑保持清醒和警觉状态，所以当身体快速转动时，前庭系统必须迅速调节，才能让我们保持清醒
- 如果前庭系统活动量低，调整的作用不好，孩子易出现多动及注意力散漫的现象

影响性格和情绪的发展

- 前庭感觉失调，会使孩子经常遭遇挫折，丧失信心，容易形成恐惧、伤心、生气、过度兴奋等感觉，无法有效控制及协调，使人格和性情的发展受到严重的阻碍
- 前庭神经不佳，身体行动及左右脑思考会陷入混乱，进而会引发语言发展障碍，而这也成了学习困难最主要的原因

▲ 前庭觉失调的主要影响

过度反应	迟钝反应	重力反应	其他表现
十分抗拒身体动作，拒绝任何旋转、荡秋千、滑滑梯都不喜欢	追求动作上的刺激，喜欢旋转，注意力短暂，缺乏危险意识	抗拒奔跑、跳跃，反感双脚离地，害怕跌倒	方向感差，左右不分；经常跌倒，系鞋带、扣纽扣等精细动作做得很慢；学习易分心；做事磨磨蹭蹭；阅读颠倒；脾气大，人际关系紧张；不喜欢与人分享玩具；语言障碍

▲ 前庭觉失调的具体行为表现

· 教养答疑 ·

不会爬就不会走

美美一出生就由姥姥带。姥姥心疼美美，总怕她受伤，一直都舍不得让她在地上爬，美美1岁零3个月了还不会走路。而且，美美的注意力集中时间很短，家里给她买了很多开发智力的玩具，她从来都没好好玩过。

美美出现的问题主要与前庭觉失调有关。对于婴幼儿来说，爬行是一个非常重要的活动，1岁的美美没学会走路是因为爬行的时间不够，错过了很多锻炼的机会。家长可以和孩子一起玩趴地推球的游戏，让孩子趴在地上，家长用球引导孩子或推或捏，只要能够让孩子慢慢爬行，就能早日学会走路。

前庭觉对儿童发展的影响

前庭觉发育不好，会影响儿童正常的生长发育。因为姿势的平衡以及运动的进行都依赖于前庭系统的运作。如人在运动中加速或减速时，头部以及各个部位都需要保持平衡，这跟前庭系统的功能是分不开的。

身体维持正常姿势	· 头部、躯干得以保持合理的姿势，有赖于前庭器官不断地把身体和头部的信息传入大脑
运动能力发展的基础	· 孩子的运动能力随着前庭觉功能的发展而完善，前庭觉良好，运动的感知和判断就会表现出色，同时肌肉关节运动的调整会准确而及时，身体运动的方向、幅度、稳定性都能得到保证
促进大脑发育	· 促进中枢神经功能区的发展，有利于提高信息传输系统的效率
维持人体的警醒状态	· 大脑皮层需要维持适当的兴奋性，这是人体学习和工作的基础，前庭觉是维持人体警醒状态的关键因素
影响孩子语言发育	· 语言的发展涉及视觉、听觉、触觉以及嘴、舌、喉部、声带、腹部等的肌肉动作，这些都与前庭的平衡反射关联在一起。当前庭觉不良时，孩子的语言会受到影响，产生迟缓或障碍
确保其他感觉信息有效的前提	· 大脑需要对身体的全部信息进行高效处理，身体要得到大脑的信息反馈，需要多种感觉通道协调参与，准确性和排除干扰同样重要，这些运作都有赖于前庭觉的高效功能

▲ 前庭觉对孩子发展的主要影响

本体觉

〜 什么是本体觉

本体觉是指来自身体内部的肌、腱、关节等运动器官在不同状态（运动或静止）时产生的感觉，包括位置觉、运动觉和震动觉等。因其位置较深，又被称为深感觉。本体觉英文名为"Body Map"，直译为"身体地图"，因此很多人又把它称为"身体形象"。

了解你的"身体地图"

本体觉，很多人认为很神秘。其实它一直都在我们身边，一直在为我们默默服务：我们不用看阶梯也能轻易上下楼梯，不照镜子也能用手摸到眉毛或鼻子，双眼看着电影银幕依然能准确地将爆米花扔进嘴里……这背后其实都有本体觉的功劳。本体觉让人知道每个关节弯曲的角度、做的动作，仿佛建立了一张身体地图，这就是为什么我们不用经常盯着自己看，也可以随时掌控自己身体的任何部位。

本体感受器

本体感受器除了内耳的前庭器官外，还包括肌肉、肌腱、关节内的感受器。这些感受器主要在于感知运动器官的位置变化，简单地说，我们能够闭着眼睛吃饭、穿衣就与这些本体感受器有关。

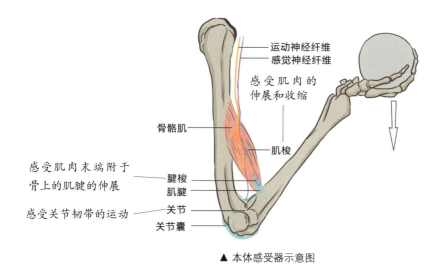

▲ 本体感受器示意图

本体觉分类

按本体感受器传导通路的行程与功能的不同，本体觉分为意识性本体觉和非意识性本体觉。

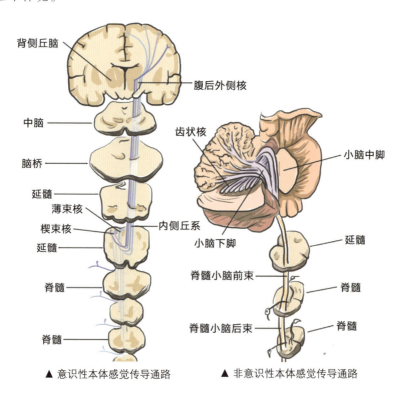

▲ 意识性本体感觉传导通路　　　▲ 非意识性本体觉传导通路

本体觉的三个等级

本体觉是一种复杂化的神经应变能力，也是大脑可以充分掌握自己身体的能力，它可分为以下三个等级：

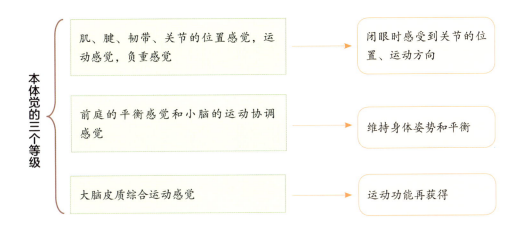

本体觉的活动能力

本体感受器主要感知运动器官的位置是静态还是动态变化。关节位置的静态感知能力、关节运动的动态感知能力，反映的是本体觉的传入活动能力；肌肉收缩反射和肌肉张力的调节反映了本体觉的传出活动能力。

本体觉与运动功能

好动是孩子的天性，运动中会消耗能量，身体机能也会有所降低。在运动后的一段时间内，运动中所消耗的能量以及所降低的身体机能不仅将恢复到原有水平，而且会超过原有水平，这种现象被称为运动功能再获得。在"运动功能再获得"的过程中，如果没有本体觉的输入，就不能成功。

本体觉发展良好时，孩子可以对每一个动作中肌肉、肌腱、关节以及韧带的缩短、放松、拉紧获得充分感受，对肌肉运动的分析能力、运作时间的判断能力就会很强，运动表现就会非常出色。

| 感觉输入（外力协助） | 本体感觉输入（无外力协助） | 运动模式标准固定 | 多次或超量标准重复运动 | 在大脑皮质建立运动功能区 | 运动功能再获得 |

▲ 儿童运动功能再获得的一般固有规律

◟ 本体觉的功能

本体觉是一种自觉或不自觉地感受身体空间位置的感觉，我们不用盯着身体看，大脑就可以随时掌握身体的任何部位，这可以说和本体觉的功能息息相关。

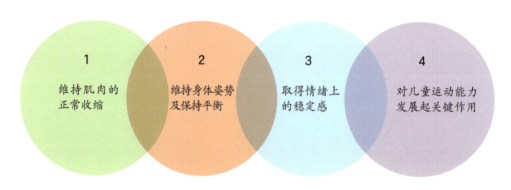

1 维持肌肉的正常收缩

2 维持身体姿势及保持平衡

3 取得情绪上的稳定感

4 对儿童运动能力发展起关键作用

▲ 本体觉的主要功能

▲ 孩子们在练习平衡技巧

1. 维持肌肉的正常收缩

本体觉最大的作用是维持肌肉的正常收缩，使关节能够自由活动。关节信息控制全身大小肌肉的活动，如果缺少关节信息，身体各部分的肌肉群难以健全和成熟，那么维持基本动作，甚至吃东西、说话都会变得很难。

2. 维持身体姿势及保持平衡

本体觉把触觉和前庭觉综合到一起，可以提供位置、压力、方向和身体部位的运动情况，有助于维持身体姿势及保持平衡。

3. 取得情绪上的稳定感

本体觉影响神经系统的兴奋状态，本体觉的输入能够取得情绪上的稳定感。

4. 对儿童运动能力发展起关键作用

本体觉对儿童运动能力发展起关键作用，可以说一切运动技能都建立在本体感的基础上。

本体觉失调的表现

从孩子能够翻身到坐、爬、站及走路，随着姿势与动作不断改变，本体觉本当顺利发展的，但现在孩子成为被过度呵护的对象，外出有推车代步、上下楼梯有人抱、吃饭喝水有人喂，大脑得不到足够的本体觉信息来进行整理、分析，也就难以建立"身体地图"。

从本体觉机制来看，本体觉失调，可能是对身体各个部位控制不好，也可能是身体协调出了问题，在生活和学习上表现得较明显。

本体觉失调在生活与学习中的表现

生活中的表现

· 影响机体对各个部位的控制，不能很好地控制肌肉的收缩、肌肉用力大小
· 如在一些活动中，获取物品时由于控制不好手的力度容易把物品弄坏

学习上的表现

· 如果是大脑对手指肌肉控制不好，出现手、眼不协调，手、耳不协调，身、脑不协调等情况，那么本体觉失调的孩子与其他孩子相比就会表现出手脚笨拙、消极、没有上进心、缺乏自信、脾气暴躁、粗心大意等
· 控制小肌肉和手脑协调的脑神经与控制唇舌、呼吸、声带的神经是相通的，所以本体觉失调的孩子易出现语言发育迟缓的现象，导致发音不清、口吃等

· **教养答疑** ·

我真的比别人笨吗？

贝贝今年5岁，上幼儿园大班。他很聪明，理解能力很强，但不知道为什么，动作总是显得很笨拙，写字速度也很慢，美术课、劳技课方面的表现都不太好。贝贝很灰心，开始怀疑自己的能力，慢慢地，他就不喜欢上课了，回答老师的提问也变得没有兴趣了……

贝贝的情况是本体觉失调造成的，这种情况可以通过感统训练来改善。通过一些难度较高的运动可以加强本体感以及触觉感，训练以加强平衡感、前庭觉、触觉、重力、专注力以及身体协调等方面为主。

本体觉对儿童发展的影响

良好的本体觉，可以让你知道手正搭在别人的肩上，可以让你朝着想要的方向投物，可以让你在摔倒时迅速调整姿势……当孩子的本体感发展良好时，大脑功能才能发挥自如，人才能拥有敏锐的观察力及敏捷的反应，想象力与创造力才能丰富地发展起来。可见本体觉对孩子的发展影响十分大。

▲本体觉良好的孩子可以自如地做各种手工

记忆身体位置及动作计划	对身体的控制能力

本体觉将肌肉等发出的信息传到大脑、手及小脑，经统合后做出反应。而对于一些新的动作变化要通过大脑来控制并做出反应，经由这种重复及回馈的学习过程，信息会储存在大脑，变为本体记忆，以便做出更高层次的动作及计划

本体觉良好，可以协助孩子控制身体的姿势，让孩子在行走坐卧时稳定自如。通过本体觉提供的信息，孩子可以协调大小肌肉，以保持姿势的稳定与平衡，姿势的稳定与平衡又是课堂学习的前提条件、运动训练的基本要求

自如运用身体	影响情绪和自信心

良好的本体觉能让孩子自如地运用身体，将动作力度分为不同等级，更好地进行学习、运动、书写、劳动等。如拎一篮子菜，良好的本体觉可以让人知道用多大力气就能达到拎起来的目的。估计不足或估计过剩都是本体觉不强的表现，如穿越栏杆时无法判断身体的弯曲度等

身体的活动大多是在不知不觉中进行的，人只有在不考虑身体如何行动时，手脚才能灵活，心情才不会紧张，做事也才有足够的自信。良好的本体觉能让孩子对自己的动作行为有信心，情绪也会变得更加稳定，更加敢于探索

▲ 本体觉对儿童发展的主要影响

听觉

∾ 什么是听觉

听觉是声波作用于听觉器官，使其感受细胞处于兴奋并引起听神经冲动，经各级听觉中枢分析后引起的感觉。

我们是如何听到声音的？

听觉是人们最重要的感觉之一，它不仅方便人们交流知识、沟通感情，还能使人感知环境，产生安全感。毫无疑问，听觉对我们极为重要。那么，我们是如何听到声音的呢？

人的听觉系统

人们能听到声音、理解语言，是依赖于整个听觉通路的完整性。听觉系统

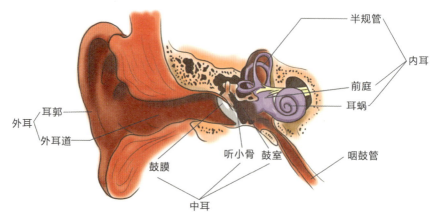

▲ 听觉系统结构示意图

由外耳、中耳、内耳、听神经及听觉中枢构成，其中听觉中枢是指位于听神经以上的脑干和大脑半球中的听觉结构。

听觉形成过程

外界声波通过介质传到外耳道，再传到鼓膜。鼓膜将声波转变成震动，通过听小骨放大之后传到内耳，耳蜗内的纤毛细胞受到刺激而产生神经冲动，沿着听神经传到大脑皮层的听觉中枢，之后形成听觉。

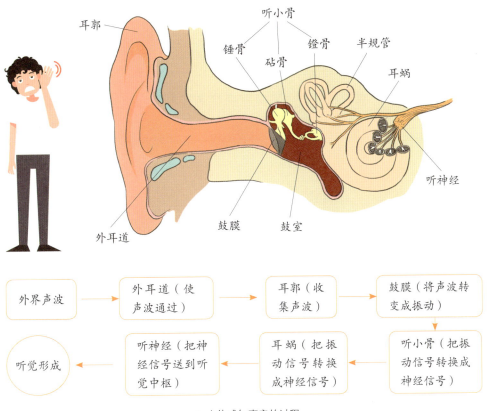

▲ 人体感知声音的过程

听觉功能发展的四个阶段

听觉功能的发展经过察知、分辨、识别、理解四个阶段，这四个阶段是一个整体，环环相扣，应根据由易到难的顺序，循序渐进地促进孩子的听觉发展。

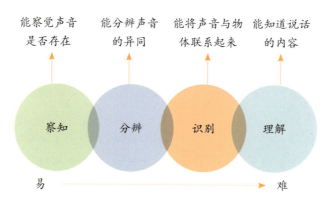

▲ 听觉功能发展的四个阶段

听知觉能力的构成

听知觉是一种在听觉基础上对某种事物发出的声音的感知能力，听知觉发展包括"听见—听全—听懂—理解—记住"这几个阶段。这个过程包含了感觉、知觉、注意、记忆、判断、比较、推理、解决问题等能力，体现在听知觉能力的构成上。

听知觉能力的构成

能力	构成
听觉分辨力	儿童对各种声音刺激的分辨、接受能力
听觉记忆力	对听过的声音的储存与回忆能力，关系到儿童的学习效果
听觉编序力	以听觉记忆为基础，将听到的信息内容按照先后顺序回忆出来，并将信息加以组织使之有意义的能力
听觉理解力	依靠听觉来分辨、了解信息的能力，是一种听觉的综合能力
听说结合力	能听懂别人说的话并做出较为复杂且有意义的语言反应的能力，是一项非常复杂的活动

听觉发展的一般进程

孩子什么时候有听力？如何才能让孩子的听觉发展得更好？从生理学的角度来看，听觉是人出生时的本能，人对声音的感受力向来都特别强，只不过孩子的听觉发展有它内在的规律。

0~6个月	· 对声音有初步的辨识能力，可以找到声音来源，要注意的是，太大的声音会造成惊吓

6个月至1岁	· 对声音有理解能力，可以分辨不同的声音，尤其可以听出妈妈的声音，这一阶段叫宝宝的名字多半会有反应

1~1.5岁	· 宝宝语言发展的关键时期，宝宝可以按大人的指令做动作，还可以模仿大人发出的声音，如笑、鼓掌等，可以和大人进行互动

1.5~2岁	· 这一阶段基本会读单字，可用字卡、图卡等引导，提高他们的学习意愿

2~3岁	· 对语音语调有起伏的故事特别感兴趣，开始表现出对某些音乐的爱好并尝试随音乐舞动

3岁后	· 会用打击乐器表现乐曲的节奏，会用不同的方式表达对音乐的感受

▲ 孩子听觉发展的一般规律

🎵 听觉的功能

认识世界，需要眼睛看，也需要耳朵听。听觉是认识世界的重要途径之一。一般来说，听觉主要有以下功能：

重要的感觉通道	对潜意识有重要影响	发展语言能力的重要基础	影响孩子的社会交往
听觉是仅次于视觉的重要感觉通道，人通过外耳（耳郭、外耳道）收集声波，通过中耳维护正常听力的运作，内耳使人能随时感受头部位置变化的情况以调整身体平衡。耳朵与眼睛通常通过协作提高对事物的感知效果	听知觉也是重要的远距离分析器，仅次于视觉分析器，即使闭上眼睛，获取的信息也会进入大脑，对潜意识有着重要的影响	耳朵不仅是接收外界声音，也是发送声音器官的组成部分。听知觉健康发展是孩子语言能力发展的前提	听觉发展不良，会给儿童社会交往带来障碍

▲ 听觉的主要功能

感统训练助手

听觉的发展始于胎儿时期，5个月的时候，胎儿就能听到母亲的心跳和血液流动声，而且没有杂音。

研究发现，再好的音乐也比不上准妈妈的歌声。这是因为孕妇的声音能使胎儿获得感觉与感情的双重满足，无论是录音机或是其他乐器的声音，既没有母亲唱歌给胎儿带来的物理振动，也缺乏母爱对胎儿感情的激发。

胎儿喜欢的歌曲旋律具有舒缓、优美的特点，而那些激烈悲壮的乐曲或噪声，则会使胎儿烦躁甚至乱动，尤其是噪音会让胎儿的听力受损。

听觉失调的表现及测试方法

儿童的听觉在出生后会逐渐统合完善，若听觉失调，会影响孩子的语言发展、阅读，进而造成学习障碍。

儿童听觉失调的主要表现

听觉失调主要有两种表现：一种是听觉过度敏感，一种是听觉反应迟钝，即低度敏感。

听觉失调的主要表现

听觉过度敏感

- 容易因为环境中的一些背景音而分心或烦心，如日光灯的声音、时钟的滴嗒声
- 害怕卫生间的冲水声、吸尘器的声音、吹风机的声音等
- 日常生活中，频繁要求别人小声、安静一点；突然听到很大的声音或者很尖的声音时，第一反应是捂耳朵，然后跑开、哭、尖叫
- 拒绝去电影院或音乐厅等声音较大的场所
- 通过一个人的声音来判断自己是否喜欢这个人

听觉反应迟钝

- 对别人叫他名字或与他说话经常没有反应
- 有时会为了制造噪音而制造噪音；听歌或者看电视时喜欢放很大声；看起来较难理解或者记住别人说的话
- 似乎注意不到某些特定的声音
- 较难分辨出声音的来源，分辨人声比较困难
- 在完成一项事情时，一边对自己说步骤一边做
- 在婴儿时期很少咿咿呀呀
- 语言能力在剧烈运动后可能变好

听觉失调的测试方法

1. 根据婴儿表现判断听觉发育状况

对于新生儿，家长可以在其耳朵两侧拍手，通过看孩子的反应来判断听觉是否正常。

2~3 个月
在孩子耳边晃动能发出声音的玩具，看孩子是否跟着声音转动；如果能，是正常的表现

4~6 个月
妈妈说话时，观察孩子是否用眼睛注视妈妈；正在活动的孩子听到妈妈的声音能否停止活动并把头转向妈妈的方向，如果能，是正常的表现

7 个月以上
听见声音，会用眼睛去寻找声源，表明对声音的分辨能力正常发展

▲ 判断婴儿听觉发育状况的方法

2. 根据听觉障碍表现进行判断

听觉注意力障碍
别人说话如同"耳旁风"；说话时缺乏目光交流；眼神发散，容易走神，容易受干扰

听觉辨别力障碍
孩子发音不准，发声器官却没问题；听不清或记错了布置的作业；难以分辨环境中的声音，缺少倾听的态度

听说结合力障碍
口述能力差，词汇贫乏，常以动作和手势替代，沟通有困难

听觉记忆力障碍
记忆的广度小，无法记忆比较长的信息；对之前的信息很难复述；忘得很快，新旧知识联系不起来，导致理解力低，学习成绩差

听觉理解力障碍
智力水平虽然没问题，但就是听不懂词意、句意，听不懂老师讲课的内容；对过去的听觉记忆无法正常地组织整理和应用，说话没逻辑，语无伦次，做事丢三落四

▲ 根据听觉障碍表现判断听觉的方法

·教养答疑·

听而不闻的"乖小孩"

兵兵是个比较腼腆的小男孩，性格温顺，从不乱发脾气，爸爸妈妈觉得兵兵乖巧懂事，非常放心。4岁的时候，兵兵上幼儿园，没多久，老师就给家里来了电话。老师问兵兵父母，兵兵在家是不是也不太理人，叫他名字就像没听见一样？老师解释说，她发现兵兵虽然不捣乱，但也不好好听讲，总有小动作，讲过的事情记不住，说是听不懂，平时总是一个人玩，不喜欢跟小朋友交往，叫他的时候好像没听见一样，如同"耳旁风"，所以老师担心是兵兵的听力有问题。

兵兵听别人说话如同"耳旁风"，这可能是听觉反应迟钝的表现，是由于感觉系统中听觉功能失调所造成的。学习需要视听结合，听觉功能失调必然影响学习，还会影响儿童智力开发。兵兵的情况建议父母先带兵兵到医院确认，如果不存在听力缺陷，那么通过一些日常训练是可以改善的。如鼓励兵兵复述听到的故事，听、说、读、写结合在一起训练，往往能够互相促进，共同提高。

听觉对儿童发展的影响

听觉是人体最主要的感觉之一，个体对外界刺激的感知大多是通过听觉来进行的。在儿童成长的每个阶段，都需要听觉的协助，若听觉发展出现问题，会影响身体的全面发展。

影响学习与智力开发	分辨各种感觉	了解事物的本质	影响记忆力、注意力
听觉是学习的基础能力之一，生活中大部分信息都是通过视、听通道获得。听觉出众可以让人的其他能力得到更好的发展，如反应迅速、记忆牢固、判断精确、观察细微等，相关的学科就会表现得很出色	听觉给人丰富多彩的感觉，通过听觉既可以感受无数的纯音和复合音，又能享受美妙的音乐、区分噪音；还可以分辨出动物声、人语声、机械声，判断出声音长短、频率高低、节奏快慢等。对于学习音乐的人，听觉的影响非常大	通过听觉，可以认知事物，掌握事物的位置、距离和运动状态等，进而了解事物的本质。在生活中，特别是在学习中，听觉的作用非常大，有时甚至超过了视觉	听觉不好，注意力无法集中，易让人分心，时间长了就会影响生活和学习，孩子会丧失自信，从而影响身体健康

▲ 听觉对儿童发展的主要影响

▲ 听觉训练

视　觉

什么是视觉

　　视觉指物体的影像刺激视网膜所产生的感觉。根据统计，至少 80% 以上的外界信息由视觉获得，视觉是人体最重要的感觉之一。

视觉：让我们看得更清、更远

　　每天我们一睁开眼睛，就能看到色彩缤纷的世界，不管是运动、吃饭，还是看书、学习、工作，每一刻都离不开视觉。

视觉的感受器官

　　视觉的感受器官是眼睛，"眼睛是心灵的窗户"，人们从外界获取信息的主要

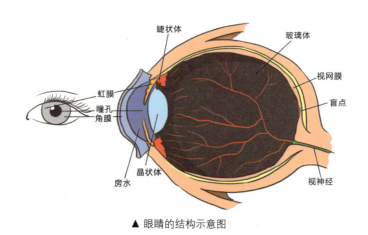

▲ 眼睛的结构示意图

途径是通过眼睛，如外界物体的形状、大小、颜色及距离等，都是通过眼睛传递给大脑的。人的眼睛非常敏感，它将接收到的视觉信息转变为神经信号，传送给大脑。如果眼睛或者视觉出现问题，人们与外界的接触就会受到极大的限制。

视觉形成的过程

外界物体因为反射光线，会依次经过角膜、瞳孔、晶状体和玻璃体，经过晶状体等的折射作用，最终落在视网膜上，形成一个物像。视网膜上对光线敏感的细胞，将图像信息传递给视神经，再传递给大脑皮质视觉中枢，人就产生了视觉。

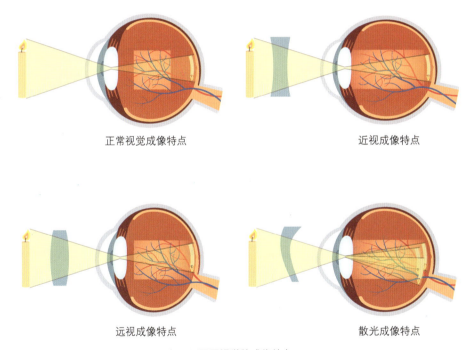

正常视觉成像特点　　　　　　近视成像特点

远视成像特点　　　　　　散光成像特点

▲ 不同视觉的成像特点

视知觉≠视觉

视知觉指以视觉为基础，对视野内的物体进行观察、辨别的能力。视知觉因为涉及"知"，所以需要视觉功能和其他功能交换信息才能产生"知"，并非单纯的视觉基本功能。

视觉
- 红色的
- 圆形
- 有果柄
- 有颗粒感的物体

视知觉
- 红
- 似乎能吃
- 视觉接收（感知）
- 视觉认知（解释）

▲ 视觉与视知觉对同一个东西的反映

视觉的早期发展阶段

孩子出生后至 1 岁间，视觉发展极为迅速，其中出生后前 4 个月是最重要的阶段之一。充分了解孩子的视觉的早期发展阶段，在日常生活中密切观察，可以给孩子提供一个良好的视觉发育环境。

第一阶段：
视力模糊

婴儿只对光有反应，刚出生时的视力很弱，但对光线会有反应，遇到由暗变亮的光线时，他们的瞳孔会收缩、眼皮会眯起来；如果光线太刺眼，他们会把头转到另一方向

第二阶段：
可注视物体

随着婴儿月龄增加，6~8 周大时，婴儿开始看东西，眼睛可以凝视物体。4 个月大时，可以看出远近的差异，立体感也在此时快速发育

第三阶段：
至少 1 岁时发育完全

4 个月大的宝宝视力约为 0.1（以正常成人的视力去衡量），18~30 个月大时，一般就能达到 1.0 的正常成人视力。某些视力发展较好的宝宝，在 6 个月大时就有约 0.5 的视力，但只有等到满 1 岁才有 1.0 的视力

▲ 孩子视觉的早期发展阶段

❧ 视觉的功能

视觉作为一种重要的人体感觉，主要有接收、聚焦、追踪、记忆、分辨、想象等功能，这些功能组合在一起，共同构成我们的视觉体系。

视觉接收	这是视觉最基本的功能。眼睛可以看向各个方向，视觉的广度是视觉接收功能的主要特征。视觉广度大的儿童，眼睛直视时所能看到的范围更广
视觉聚焦	良好的视觉聚焦能力体现在：敏锐性，即当物体出现时，是否能被立刻注意到；持续性，即看到物体后，能否持续聚焦而不分心；选择性，即能够有选择地聚焦于某个物体，忽略其他物体；分配协调性，即当需要同时注意两个物体时，视觉能否做出恰当的分配和应用
视觉追踪	视觉追踪相当于动态的视觉聚焦，随着物品的移动而移动
视觉记忆	视觉记忆就是对看到的东西能够与之前的经验联系起来，再储存起来，形成记忆。视觉记忆影响孩子学习的效果
视觉分辨	人所看见的物体有形状、颜色、声音等多种属性，以形状为主，而辨认形状需要视觉正常。反过来说，通过视觉来辨认物体形状也是最简便快捷的
视觉想象	视觉想象力对理解、思维、分析能力的发展有帮助
其他作用	视觉帮助儿童认识到物体的客观存在，有利于孩子学习模仿、激发探索求知欲

❧ 视觉失调的表现

对于视觉发展不足的孩子，家长需要早诊断、早重视，否则孩子将来会产生一定的学习障碍。视觉失调主要有两种表现：一种是过度敏感，一种是低度敏感（迟钝）。

视觉过度敏感的表现	视觉低度敏感的表现
对明亮的光线敏感。在明亮光线下不由自主地眯眼、遮挡眼睛、流泪或头疼	较难着眼于全图，如在看图时，首先注意到细节或者规律，而非整体图片
不能集中精神看某一样东西。比如一般人可以集中精力读书 40 分钟，但是视觉过度敏感的人可能只能坚持 15 分钟	显得很"粗心"，经常找不到眼前的东西。如桌子上的纸、货架上的东西，或玩具箱里的玩具
很容易因为周围发生的其他视觉刺激而分心，不愿意待在明亮多彩或者很昏暗的地方	在视觉追踪时遇到困难。如一个物体被左右手快速互换时，很难确认最终物体在哪只手里，有时看东西会出现重影
经常揉眼睛，眼睛经常水汪汪的，在读书或者看电视后容易头疼	在白纸上写字时，每行都有倾斜度，较难写正，写字时字间距和字的大小也不均匀。用剪刀时，较难沿着直线剪，分不清左右，空间感不好，容易撞到人或物
避免眼神接触	很难找出两张相似图片的不同处

▲ 视觉失调的主要表现

· 教养答疑 ·

为什么分不清相似的拼音字母

丁丁刚上一年级，聪明乖巧，但拼音总学不好，经常把 p 和 q、b 和 d 搞混。老师和父母都以为他没有认真学习或者粗心，问他时，他委屈地说："爸爸、妈妈还有老师都说我粗心，我真的很仔细地看啊看啊，可最后还是搞反了。"

类似丁丁这样的情况，是视觉感统出现问题的一种表现。对视觉统合失调的孩子来说，相似的几个字母成了他们辨识的障碍。一般来说，人在分辨相似的物体时，首先要依靠视觉分辨，如果总是出现无法识别的情况，那很可能是视觉分辨存在障碍，也就是视觉统合出现了问题。根据丁丁的情况，应及时针对视觉感觉统合进行训练。

视觉对儿童发展的影响

儿童视觉的发展，不仅影响日常生活，还影响认知、阅读等。视觉发展水平直接关系到孩子的学习能力，良好的视觉对孩子的智力开发是一个重要的前提条件。如果孩子视觉发展不良，会影响将来的学习和生活。

影响活动能力	影响生活能力	影响学习能力
· 视觉发展不好，会出现看不清楚、看不到的情况，孩子一运动就可能导致出现摔跤、受伤等情况。因为缺乏基本的活动安全，孩子就会减少或避免进行各类活动，从而影响活动能力	· 绝大部分的生活技能都需要视觉的配合，如吃饭、穿衣都需要手眼配合。尤其是进行球类运动，这类运动对视觉追踪能力要求较高	· 视觉不仅影响看，还影响说、写等能力。视觉良好的孩子在生活与学习中拥有判断准确、分辨明晰、记忆牢固、反应快等能力。视觉发育不良的孩子，可能存在语言发育缓慢、书写困难、记忆力差等问题

▲ 视觉对孩子发展的影响

嗅觉、味觉

ᨒ 什么是嗅觉、味觉

嗅觉是位于鼻腔顶部的嗅觉感受器（嗅黏膜）的嗅细胞受到某些挥发性物质刺激后，产生的神经冲动沿着嗅神经传入大脑皮层而引起的感觉。

味觉是有味物质刺激口腔内的味觉感受体，通过一个收集和传递信息的神经感受系统传导到大脑的味觉中枢，最后通过大脑的神经中枢系统进行综合分析，从而产生相关感觉。

嗅觉与味觉互相作用

嗅觉与味觉，是两个时刻伴随着我们的很重要的感觉系统。许多人通过嗅觉判断食物的味道，如果捏住鼻子吃饭，大部分人会觉得食物没有味道；如果嗅觉失灵，他们常常感到吃东西时没有味道。因此，要想吃得香，先要闻起来味道诱人。

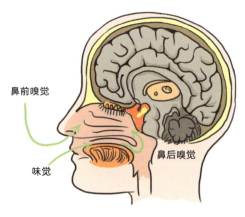

鼻前嗅觉

味觉

鼻后嗅觉

▲ 嗅觉、味觉生理结构图

嗅觉、味觉的感受器官

嗅觉感受器位于上鼻道及鼻中隔后上部的嗅上皮，嗅上皮中的嗅细胞是嗅觉器官的外周感受器。味觉的感受器是味蕾，主要分布在舌头的表面和侧缘，口腔和咽部黏膜的表面也有散的味蕾存在。

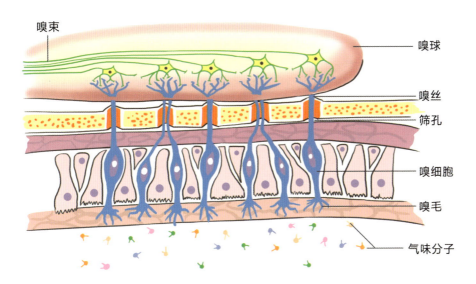

▲ 嗅觉感受器（嗅细胞）示意图

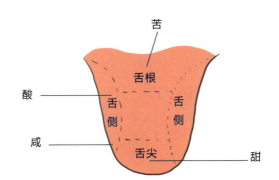

苦味：舌根　　　酸味：舌两侧中间部

甜味：舌尖　　　咸味：舌两侧前部

▲ 味觉感受器（舌）示意图

嗅觉、味觉形成的过程

　　环境中的气体分子进入鼻腔，刺激了鼻腔中的嗅神经末梢，从而产生了神经冲动，神经冲动沿着嗅神经传入大脑，从而形成嗅觉。

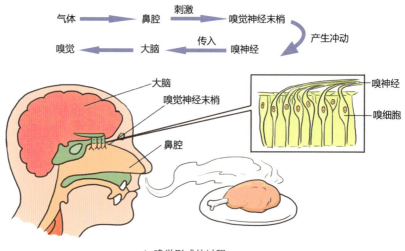

▲ 嗅觉形成的过程

　　食物进入口腔后与味蕾相接触，刺激味蕾中的味细胞，然后通过一个收集和传递信息的神经感觉系统传导到大脑的味觉中枢，最后通过大脑的综合神经中枢系统地分析，从而产生味觉。

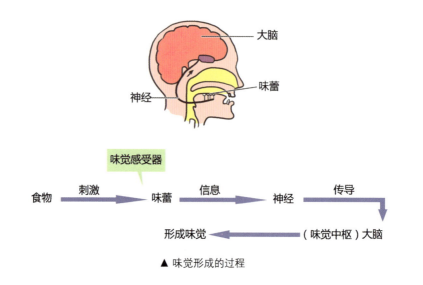

▲ 味觉形成的过程

嗅觉、味觉的发展

孩子在口腔期阶段（约发生在孩子出生后0~18个月），对于嗅觉和味觉的认知概念尚未建立，父母应教导孩子认识味道与名称，帮孩子建立感官认知。

0~4 个月	4~6 个月	1 岁后
· 胎儿在母体中就对甜味有反应。刚出生的婴儿能尝出甜、酸、苦的味道，4 个月后可尝出咸的味道 · 嗅觉方面，小宝宝闻到难闻的气味会自然地闪避	· 让小宝宝尝试辅食，满足宝宝口腔阶段的欲望 · 辅食不仅能刺激嗅、味觉的发展，还可以让宝宝适应不同种类的食物	· 尝试不同种类的食物，建议少量摄取，留意食物特性、种类，并且每隔几天更换一次 · 了解宝宝不适合吃的食物，哪些食物容易引发过敏

▲ 嗅觉、味觉的发展特征

〜 嗅觉、味觉的功能

嗅觉和味觉之间互相整合、相互作用。嗅觉是一种远感，通过长距离感受化学刺激的感觉，对比之下，味觉是一种近感。二者作为身体内部与外界环境沟通的出入口，担负着警戒任务。另一方面，人体寻找食物、吸收营养离不开嗅觉和味觉的协同作用。

承担身体的警戒作用	
· 鼻子和嘴是身体内外沟通的出入口，嗅觉和味觉担负着环境的探测功能	· 当环境发生异常时，会对身体及时发出警报

提高大脑识别能力	
· 嗅觉和味觉都是人类赖以生存的强大本能，灵敏的嗅觉可以提高孩子的判断力和敏锐度，大脑会随着气味的变化运作，提高记忆区的反应能力	· 如果孩子的嗅觉、味觉失调，大脑会因长期缺乏气味刺激而变得迟钝，注意力和记忆力的发展也会受到影响

影响综合认知能力	
· 婴儿在出生后不久就拥有灵敏的嗅觉，并一直在运用嗅觉和味觉。通过味觉，他能感觉出嘴里东西的质地、大小以及味道	· 婴儿的舌头和嘴唇能感知多种味道，通过对事物的外观、味道、气味进行整合，形成对事物的认知。即使他只能看见事物的外观，或只能听见声音时，也能猜出这是什么事物、有哪些特征

▲ 嗅觉、味觉的主要功能

嗅觉、味觉失调的表现

嗅觉失调的表现

嗅觉失调有两种表现：一种是嗅觉过度敏感，一种是嗅觉反应迟钝。每一种失调都有不同的表现，主要体现在以下几个方面：

嗅觉过度敏感	嗅觉反应迟钝
· 总能闻到别人注意不到的味道，对大多数人能接受的味道不认可，会讨论某一个人身上的味道 · 拒绝吃某些食品 · 因为别人家里的味道，而拒绝去做客	· 比一般人更难察觉到异味、臭味
· 在闻到卫生间的味道时，或者某人的口气时，容易反胃 · 讨厌香水、清洁用品的味道，讨厌做饭的味道 · 有时会通过一个人的味道来决定自己是否喜欢这个人	· 很难分辨测试纸上的不同味道，如在商店很难分辨出喷在测试纸条上的香水味

▲ 嗅觉失调的主要表现

味觉失调的表现

味觉失调有两种表现：一种是味觉过于敏感，一种是味觉反应迟钝。这两种失调分别有不同的表现，主要体现在以下几个方面：

味觉过于敏感	味觉反应迟钝
· 挑食，对于食品有特殊偏好，只吃某一类或某些食物 · 在2岁之后，依然只吃泥状或者很软的食物 · 在吃质地较粗的食物时，有干呕现象 · 抵制、拒绝、极端害怕看牙医	· 喜欢味道比较重的食品，如特别辣、酸、甜或咸 · 除了喜欢的某种特定重口味食物外，其他食物都感觉差不多 · 频繁地咬头发、手指、衣服或其他物体
· 只吃热的或冷的食物 · 不喜欢或者抱怨牙膏和漱口水的味道 · 吃饭口味清淡，不喜欢吃较多调味品的食品；在使用吸管时遇到困难	· 喜欢震动感强的电动牙刷，喜欢去看牙医 · 在吃饭时，喜欢大口吃 · 喜欢用食物填满口腔，脸颊处会有明显的突起，嘴唇周围有明显的饭渍

▲ 味觉失调的主要表现

· 教养答疑 ·

让人苦恼的偏食儿童

几个妈妈交流"育儿经"，忽然说起小孩子偏食挑食的问题。菲菲的妈妈像打开了话匣子，她特别想知道是不是每个宝宝都有这样一个阶段。她的宝宝菲菲是个非常漂亮的女孩子，眼睛很大，睫毛很长，头发带着自然卷，像个小公主一样。她以前特别乖，可是1岁过后她就开始挑食了，她只喜欢味道甜的、质感绵软的食物，像胡萝卜泥、蔬菜、鱼糜等统统拒绝。每次吃饭，需要好几个大人哄着她才能吃，有时候想办法哄她多吃一点，她竟然嚼几下便吐出来！菲菲的妈妈语气中多少带有些无奈，这个问题一直让她很苦恼，她不知道如何是好。

菲菲妈妈描述的"餐桌大战"相信在很多家庭上演过，正因为很多孩子或多或少有偏食的行为才容易忽略其中的问题。首先，偏食必然会

·教养答疑·

引起营养不良，进而影响生长发育，甚至是智力发育，而直接受到影响的便是宝宝的嗅觉和味觉。嗅觉、味觉灵敏的儿童反应更敏捷，判断力更突出，性格更开朗。营养不平衡很容易造成宝宝的性格变得孤僻，也容易出现攻击行为。所以，如果宝宝偏食，家长千万不能"偏养"，要有意识地扩大孩子对食物的选择，鼓励宝宝尝试新的食物，才能让孩子的身心得到健康发展。

嗅觉、味觉对儿童发展的影响

对于成年人来说，嗅觉和味觉看起来不如视觉和听觉重要。但对于婴儿来说，他出生时视力还没发育成熟，几乎完全依赖嗅觉来认知世界。婴儿在出生1个月就拥有灵敏的嗅觉，嗅觉和味觉的良好发展有助于孩子的身心发育。

影响智力发育	影响性格形成	影响身体健康
嗅觉、味觉是大脑所接收的信息的重要组成部分，两者发展良好，可以让大脑反应更加灵敏，提高智力发展水平	孩子在很小的时候就能对气味进行辨别并做出反应。甜味、奶香味以及熟悉的味道能让孩子感觉安全和愉快。味觉或嗅觉发育不好，孩子容易形成敏感、孤僻的性格	味觉发展较差的孩子需要进行针对性训练，如果引发偏食、厌食问题，会造成孩子营养摄入不足，免疫力降低，影响身体发育，长期发展就会影响生活品质

▲ 味觉、嗅觉对孩子发展的影响

第3章

感觉统合功能评估：了解儿童状况

　　在制订感统训练计划前，需要对儿童进行准确的综合评估。如何对儿童的感觉统合发展情况做出一个准确的描述呢？这是进行感统训练前必须要考虑的因素。

感觉统合能力发展测评

经过大量的调查研究表明，任何一个儿童能够 100% 达到感觉统合都是非常困难的。感统能力也是随着儿童成长周期而不断变化的。那么，如何对儿童的感觉统合发展情况做出一个准确的描述呢？

儿童感觉统合发展情况的测评有许多方法，最常见的是通过四种测试评量表进行测评。这些量表各有侧重点，分别提供了不同类型的感统失调的观察方法以及核对标准。

儿童感觉统合发展测评的常见方法

名称	年龄参考	测量用时
伊利诺心理语言能力测试（ITPA）	3~8 岁	60~80 分钟
专业视知觉发展检查	4~8 岁	30~40 分钟
南加州感觉统合核对表	4~10 岁	75~90 分钟
JAMP	2~6 岁	约 40 分钟

感觉统合能力发展评定量表

爱尔丝博士设计的"感觉统合能力发展评定量表"是对儿童进行感觉统合能力发展测评的最主要的方法之一。这套测量表经过多个国家的广泛使用，在一定程度上已经验证了其可信度。我国引进此表后，在 10 多个地区进行了测评，证实了此表的可用性和可接受性程度都比较高。

"感觉统合能力发展评定量表"是目前国内采用的评定儿童感觉统合能力的标准量表，主要由前庭失衡、触觉功能不良、本体感失调、学习能力发展不足、大龄儿童问题等方面的 58 个问题组成。内容主要是对儿童日常生活中出现的现象进行调查。该表通过提供一些日常生活中具体的项目来判断儿童行为，用以评定儿童的感觉统合发展情况。

量表的作用主要有二：一是用于儿童感觉统合能力发展水平的测评；二是对感觉统合失调严重程度的评定，同时也常常被用作感觉统合治疗前后疗效比较的参考。

进行评测时，需根据儿童最近 1 个月的真实情况，由父母或知情人填写。量表评分根据"从不、很少、有时候、常常、总是如此"分为五级，分数依次为 5、4、3、2、1，其中"从不"为 5 分，"总是如此"为 1 分。其评分方法简便，使用者容易掌握，内容也便于家长回答和接受。

1. 前庭功能测评

有关前庭功能失衡的问题有 14 个。前庭功能失调主要表现为平衡能力欠佳、空间感差、四肢与身体不协调、容易绊倒等。

前庭功能测评

测评内容	评分标准				
	从不	很少	有时候	常常	总是如此
	5	4	3	2	1
1. 特别喜欢玩旋转的凳椅或游乐设施，而不会晕					
2. 喜欢旋转或绕圈子跑，而不晕不累					
3. 虽然看到了仍然常常碰撞桌椅、柱子、门、墙或他人					
4. 行动、吃饭、敲鼓、画画时双手协调不良，常常忘了另一边					
5. 手脚笨拙，容易摔倒，拉他时仍显得笨重					
6. 俯卧在地板和床上，头、颈、胸无法抬高					
7. 爬上爬下，跑进跑出，不听劝阻					
8. 不安地乱动，东摸西扯，不听劝阻，处罚无效					
9. 喜欢惹人、捣蛋和恶作剧					

续表

	从不	很少	有时候	常常	总是如此
10. 经常自言自语，重复别人说的话，并且喜欢背诵广告用语					
11. 看似是左撇子，其实左右手都用，并且不会固定使用哪只手					
12. 分不清左右方向，鞋子、衣服常常穿反					
13. 对陌生地方的电梯或楼梯，不敢坐或动作缓慢					
14. 组织力不佳，经常弄乱东西，不喜欢整理自己的环境					

2. 触觉功能测评

有关触觉功能不良的内容有 21 条。触觉功能失调主要表现为不喜欢被触摸、过分胆小等。

触觉功能测评

测评内容	评分标准				
	从不	很少	有时候	常常	总是如此
	5	4	3	2	1
1. 对亲人特别暴躁，强词夺理，到陌生环境中则又会表现出害怕					
2. 害怕到新场合，常常待不久便要求离开					
3. 偏食、挑食，不吃青菜					
4. 害羞、不安，喜欢孤独，不爱和别人玩					
5. 容易黏妈妈或固定某个人，不喜欢到陌生环境，喜欢被搂抱					
6. 看电视或听故事时容易被感动，大叫或大笑，害怕恐怖镜头					
7. 极其怕黑，不喜欢到空屋，到处要人陪					

续表

8. 早上赖床，晚上睡不着，上学前常常拒绝到学校，放学后又不想回家					
9. 容易生小病，生病后便不想上学，经常无缘无故拒绝上学					
10. 常常吮吸手指或咬指甲，不喜欢别人帮忙剪指甲					
11. 换床睡不着，不能换被子或睡衣，出外常常担心睡眠问题					
12. 独占性强，别人碰他的东西，常会无缘无故发脾气					
13. 不喜欢和别人聊天，不喜欢和别人玩碰触游戏，视洗澡和洗脸为痛苦					
14. 过分保护自己的东西，尤其讨厌别人从后面接近他					
15. 怕玩沙土、水，有洁癖现象					
16. 不喜欢与他人视觉接触，常常用手来表达其需要					
17. 对危险或疼痛反应迟钝或过于强烈					
18. 听而不见，过分安静，表情冷漠又常无故嬉笑					
19. 过分安静或坚持奇怪的玩法					
20. 喜欢咬人，并且常咬固定的友伴，常无故碰坏东西					
21. 内向、软弱、爱哭，常常触摸生殖器					

3. 本体感测评

有关本体感失调的内容有 12 条。本体功能失调主要表现为动作笨拙、孤僻等。

73

本体感测评

测评内容	评分标准				
	从不	很少	有时候	常常	总是如此
	5	4	3	2	1
1. 穿脱衣裤、扣纽扣、拉拉链、系鞋带动作缓慢且笨拙					
2. 顽固、偏执，不合群、孤僻					
3. 吃饭时常掉饭粒，口水控制不住					
4. 语言不清，发音不佳，语言能力发展缓慢					
5. 懒惰，行动慢，做事效率低					
6. 不喜欢翻跟头、打滚和爬高					
7. 上幼儿园仍不会洗手、擦脸、剪纸和擦屁股					
8. 上幼儿园（大、中班）仍无法用筷子，不会拿笔，不敢攀爬或荡秋千					
9. 对小伤特别敏感，过度依赖他人照料					
10. 不善于玩积木、组合东西、排队和投球					
11. 怕爬高，拒走平衡木					
12. 到新的陌生环境容易迷失方向					

4. 学习能力测评

有关学习能力发展不足的内容有 8 条。学习能力发展不足主要表现为写字笔画颠倒、跳字、漏字、阅读障碍等。

学习能力测评

测评内容	评分标准				
	从不	很少	有时候	常常	总是如此
	5	4	3	2	1
1. 看来有正常智力，但学习、阅读或做算术特别困难					
2. 阅读常跳字、抄写常漏字、漏行，写字笔画常颠倒					
3. 不专心、坐不住，上课常左右看					
4. 用蜡笔着色或用笔写字写不好，写字慢且常常超出格子外					
5. 看书容易眼酸，特别害怕数学					
6. 认字能力虽好，但不知其意义，而且无法组成较长的语句					
7. 不容易看出或认出混淆在背景中的特殊图形					
8. 对老师的要求及作业无法有效完成，常有严重挫折感					

5. 大龄儿童问题测评

与大龄儿童问题有关的内容有 3 条。

大龄儿童问题测评

测评内容	评分标准				
	从不	很少	有时候	常常	总是如此
	5	4	3	2	1
1. 使用工具能力差，对劳作或家务事均做不好					
2. 自己的桌子或周围无法保持干净，收拾很困难					
3. 对事情反应过强，无法控制情绪，容易消极					

结果分析

根据实际情况，通过对孩子的评定，计算出原始分（即各条目得分之和），再换算成标准分进行评定。

　　凡标准分 ≤ 40 者，说明存在感觉统合失调现象。一般来说，标准分 30~40 的为轻度失调；标准分 20~30 的为中度失调；标准分在 20 分以下的为重度失调。如本体感失调原始分为 32，则标准分小于 20，说明可能存在重度本体感失调现象。其余可按此方法类推获得相应结果。

6 岁以内儿童感觉统合能力评定量表原始分与标准分的换算

标准分	原始分			
	前庭失衡	触觉功能不良	本体感失调	学习能力不足
10	31	50	26	13
20	38	60	33	18
30	44	70	39	23
40	51	80	46	29
50	58	90	52	33

通过儿童行为测试感觉统合功能

行为观察法通过从日常活动中观察儿童的行为，判定是否与标准行为有偏差。主要通过观察儿童的眼球运动、头部运动、身体和四肢的运动、精细动作等的姿态、肌肉的松紧程度、反应速度等作为评估诊断的参考。观察时具体内容包括以下几个方面：

对感官刺激的反应

通过设计一些简单的游戏或老师发出指令，来观察儿童的表现。游戏内容具体包括视觉、听觉、触觉、前庭觉等方面。如视觉方面，最简单的就是辨颜色、形状，也可以从视觉分辨、视觉空间、视觉完形、视觉记忆等方面观察；听觉方面就是要不断地与儿童进行沟通，通过启发式和开放式的提问来看儿童的反应。

触觉测评	前庭觉测评	视觉测评
·感觉统合正常的孩子对触摸不排斥，可以准确说出被触摸的部位，就算闭着眼睛去摸物体，也能准确说出该物体的形状 ·孩子对触摸表现出恐惧、厌恶、拒绝人多和陌生的地方，有些对冷热反应、疼痛反应不足，这些都是触觉反应迟钝的表现	·考察孩子头部位置（前庭感应器所在之处）发生变化时的反应。让孩子在原地旋转，感统能力失调的孩子容易产生眩晕感，对秋千、旋转木马感到恐惧，甚至站在类似的游戏设施边上就开始头晕 ·其他判断方式：走直线、曲线、身体倾斜或者回旋运动	·考察孩子对光线是否敏感，以及对形状、位置、方向的辨识能力 ·具体方法可以通过写字、绘画的方式，感觉统合正常的孩子手眼协调性很好，眼睛不会很快酸痛；感觉统合不良的孩子容易出现眼睛酸痛，而且手眼协调性差

味觉和嗅觉测评	听觉测评
· 考察孩子是否对某种气味或者某种味道有特殊反应 · 若出现头痛恶心、呕吐，意味着味觉统合不良；如果只是表现出好恶则属于正常反应	· 观察孩子能否利用听觉判断声源方向、距离，对各种名称的理解认识是否正常、语言表达是否正确、语言的记诵能力是否强、能否理解指令等

▲ 对感官刺激反应的主要测评项目

肌肉的紧缩和颈部张力

通过观察儿童静止或运动时肌肉的反射状态来判断感统能力发展的情况。

肌肉紧张和颈部张力测试	肌肉同时收缩测试
· 当孩子趴着时，在其头顶悬挂一个玩具，以吸引其注意力。感觉统合正常的孩子可以把头抬高张望；感觉统合不良的孩子很难做抬头的动作或抬头的时间很短，头部张力不足，这种情况可能会影响大脑中枢神经体系的发展	· 当孩子保持静坐时，感觉统合正常的孩子全身肌肉会产生适度紧缩，且坐姿保持时间会很长；感觉统合不良的孩子身体平稳度低，喜欢乱动，反应迟钝

非对称性紧张性颈反射测试	不随意运动的掌握度测试
· 非对称性紧张性颈反射是一种典型的新生儿反射，是因颈部关节和肌肉的本体感受器受刺激而引起的肌张力和肢体姿势的改变。在正常情况下，该反射是婴儿伸手抓握物体时视觉固定的基础，也是正常婴儿翻身的必要条件，在6个月时逐渐消失	· 通过观察手指、手腕的痉挛情况来测试，如让孩子掰手指从一数到十，再掰开手指继续数到二十；或做吐舌头、收舌头的动作，观察这个过程中手指的反应动作。可以对脑损伤情况进行测试，感统正常的孩子身体运动灵活，协调性良好；感统发展不良的孩子会出现骨骼肌不正常运动

▲ 肌肉的紧缩和颈部张力测试的主要内容

动作行为的姿态是否正常

观察孩子走路是否爱摔跤、上下楼梯是否自如、做操是否跟得上节拍、吃饭是否会用筷子等，这些都为评估孩子的感统能力提供了依据。通过对这类动作行为姿态的观察进行测评，主要有以下这些类型：

直立站姿反应测评

- 直立站姿反应可以看出孩子的平衡感和重力协调能力的成熟程度

- 让孩子站直后身体向一侧倾斜，感统正常的孩子头部会立刻还原，身体返回正常姿态，感统失调的孩子容易摔倒、站不稳

保护性伸展反应测评

- 在孩子运动时，如果忽然遇到障碍或即将跌倒的瞬间，会条件反射地伸出双手保护自己，这就是保护性伸展反应能力

- 一般孩子在出生 6 个月后就会具备这种能力，感统不良的孩子欠缺这种能力，容易受到伤害

抗衡地心引力的姿势测评

- 通过两种姿态来测评：一种是胸部支撑，头、手、脚同时抬高，维持某种姿态；另一种是以背着地，手脚向上，身体弯成弓形

- 当人的头、手、脚上举时，会使肌肉产生张力，维持身体平衡，6 岁的孩子可以保持这个动作 30 秒，感统不良的孩子很难做到

运动企划测评

- 运动企划指做从没做过的动作时，大脑对过去所有相关动作进行"记忆总动员"，并从印象中寻找做这个新动作可能需要的办法及顺序，再用这种办法和顺序来进行

- 对这一能力进行测评时，需要观察孩子在形成运动企划时的积极性和效率

身体双侧协调能力测评

- 身体双侧协调能力指人在做精细动作时，几乎都需要双手协调，一只手需要去配合另一只手做出附属动作

- 感统正常的孩子双侧协调性很好，感统不良的孩子双侧不协调，手部灵活度也不好，说明其在左右知觉上存在一定的障碍

中线交叉运动能力测评

- 中线交叉运动能力指让孩子的双手越过两眼中间，沿着鼻梁向下延伸的中间线去完成一些指定动作的能力

- 惯用右手的孩子，左脑比较发达，右半身比较灵活，而左手就显得比较迟钝

惯用手的成熟度测评	
·孩子在成长过程中，逐渐可以分出惯用手，也叫优势手，一般3岁的孩子就能建立惯用手	·手顺了，手眼协调也能变好，大脑对环境的感应就更好。否则左右脑会出现机能性反应不足的问题

1. 判断感觉统合能力的其他方式

除了对孩子以上行为进行观察，下列情况也可以作为判断感觉统合能力的参考内容。

生育历程
早产、剖腹产、胎位不正等，可以了解孩子的早期平衡感、触觉学习情况

人际关系
触觉发展不良会抵触抚摸和碰触，还会怕生，性格孤僻

爬行时间长短
爬行影响头颈部和前庭觉的成熟，以及其他系统的发展

生活独立能力
双眼焦距成熟、视觉移动平衡、手眼协调情况。另外，生活独立自理能力、身高、体重、坐立、爬行、语言表达组织能力，都对感觉统合能力的全面判定有参考意义

注意力集中程度
观察注意力不集中是由视觉整合、焦虑或者前庭发展不佳、触觉发展不佳中的哪一种原因造成的

▲ 判断感觉统合能力的其他方式

2. 发展孩子的企划能力

通过进行适当的剧烈运动、节奏运动、旋律运动、精细运动、日常动作训练等，可以提高孩子的企划能力。

剧烈运动
摔跤、骑自行车、使用木锯、给脚踏车打气等

节奏运动
单脚跳、双脚跳、跳舞、跳绳等

旋律运动
乐器和歌曲配合，动作要和旋律配合等

精细运动
切水果、系鞋带、扣扣子等

日常动作
用筷子夹菜、用勺子喝汤、用剪刀剪纸、用笔写字等

▲ 有助于孩子发展企划能力的行为或运动

用教具测试感觉统合功能

感觉统合教具是感统训练过程中使用的器材。在孩子进行感觉统合训练前，通过操作教具的情况，就能大概了解儿童感统能力的发展情况。

运用小滑板测试

小滑板是爱尔丝博士设计的感觉运动用具之一。它的基本构成是一面方形板，长度大约可以将孩子颈部以下、腰以上的躯干平放在滑板面上，下附 4 个轮子，可以前后左右行进、退后，并能做 360° 回转。

方法：观察儿童对小滑板滑行方向的控制、操作滑板时手的灵活性、在滑板上的情绪表现等。

运用小滑板，通常可以从以下几个方面来判断儿童的感觉统合能力是否出现问题。

1. 敢不敢乘坐小滑板

动作要领：孩子以俯卧或仰卧姿态，趴或躺在小滑板上，头部抬高，用两只手滑动前进。

▲ 孩子在玩滑板

测试评估：

（1）操作困难，头部无法抬高，说明颈部张力不足、前庭平衡发展不良

（2）情绪不安，小滑板无法保持稳定，甚至不敢再到滑板上，说明平衡能力有问题

正常孩子玩这个游戏时颈部可以挺高，以腹部为重心，让滑板往前、退后，得心应手

2. 是否经常从滑板上掉下来

动作要领：想要在小滑板上保持平衡，需要以腹部为重心，颈部用力往上提，胸部才能够挺起来。

测试评估：

正常孩子经过练习可以顺利操作小滑板，并且很快能在大滑行板上以各种姿势滑动

如果滑动时出现胸部抬不起来，腹部无法用力，腹部总是脱离小滑板，身体从滑板上翻落，说明孩子的运动企划能力有明显的不足

3. 头脚同时上举时的情绪反应

动作要领：孩子仰躺在滑板上，以背部为重心，颈、手、脚曲起的同时向上，在手和脚可以够得到的位置上拉一条绳索，然后用手、脚同时钩住绳索，以仰身的姿势向前慢慢滑行。

测试评估：

感统能力发展得好的孩子很快能学会，
动作很协调，试几次就能完成动作

感统能力不好的孩子颈部无法用力抬起、腰部用
不上力、身体从滑板上掉落、手脚明显不协调，
说明孩子的肌肉张力维持存在问题，运动企划能
力不足，还可推断站、走、坐能力存在不足，而
且情绪容易焦虑和紧张，缺乏自信

4. 操作小滑板时手部的灵活度

动作要领：卧滑时两手同时着地，用力收缩手臂，借助滑板带动整个身体的重量；仰滑时，手部需要紧抓绳索，依靠手腕及手臂的伸缩力量滑动，肩部需要保持平衡，否则身体会歪斜、掉落。

测试评估：

手部操纵滑板灵活度正常，说明双手、胸
颈及腹部或背部间身体协调统合良好

如果表现笨拙，则说明身体协调存在问题。手部
是日常行为使用最多的部位，可以作为评价运动
企划能力的参考

5. 蹬墙壁往前跃动

动作要领：借助滑板，利用墙壁的反弹，向前蹬行。需要身体下肢模仿青蛙游泳的姿态，集中精力。

测试评估：

感觉统合良好的孩子动作灵活、有力、协调，显露出肌肉及关节间协调配合能力发展良好

如果脚的位置总出现错误，无法掌握这一动作，说明本体感欠佳，身体形象能力欠佳，肌肉、关节协调也存在问题

6. 向指定方向滑行的控制能力

动作要领：先用积木或木板排列成一个通道，孩子卧在滑板上，顺着通道滑行。通道可以有各种方向变化的设定。

测试评估：

对通道方向判断准确、操控滑板灵活，动作顺利完成，这是运动企划能力良好的表现

不能完成则说明视觉判断有误，或身体操控不协调，孩子的运动企划能力尚不成熟

运用大笼球测试

大笼球直径有大小之分，通过充气可以调节大小和弹性，改变重力体验。

方法：通过大笼球练习，观察儿童的身体和地心引力的协调作用。

▲ 运用大笼球测试

1. 在大笼球上抬头伸手

动作要领：以腹部为支点，趴卧在大笼球上，指导者将孩子的两脚平举，并做轻微地前后拉推动作。

测试评估：

感觉统合正常发展	感觉统合出现问题
能做到抬头挺胸、双手上举	头往下掉，双手紧张地扶住大笼球
肌肉张力足以保持抗重力的姿态	身体和重力协调不良，容易紧张而僵硬
遇到身体倾斜、跌倒或碰撞时，双手伸展保护能力强，身体脆弱的部位（如头部）比较不容易受伤	平衡能力不足，在大笼球上有恐惧感，平常也较胆小而不够灵活

2. 头部位置的安定与否

动作要领：指导者用双手压住孩子的腰部，让大笼球做前后转动，尽量让儿童的头部稳定在正中间。

测试评估：

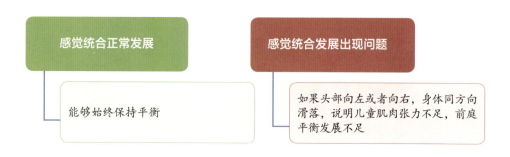

感觉统合正常发展	感觉统合发展出现问题
能够始终保持平衡	如果头部向左或者向右，身体同方向滑落，说明儿童肌肉张力不足，前庭平衡发展不足

3. 球碾过身体的压迫刺激反应

动作要领：儿童仰卧或俯卧在地板上，指导者滚动大笼球，轻轻地压过他的身体，使其感受这种压挤的触觉刺激。

测试评估：

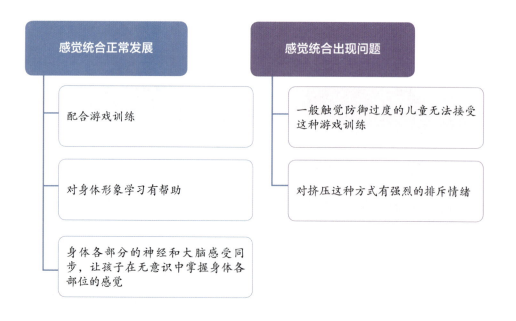

感觉统合正常发展	感觉统合出现问题
配合游戏训练	一般触觉防御过度的儿童无法接受这种游戏训练
对身体形象学习有帮助	对挤压这种方式有强烈的排斥情绪
身体各部分的神经和大脑感受同步，让孩子在无意识中掌握身体各部位的感觉	

运用旋转陀螺测试

旋转陀螺的外观像一个大漏斗，直径不等，边缘较高，底部呈锥形，可以进行前后、左右摇晃和旋转。

方法：利用旋转陀螺可以测试孩子的平衡能力和运动企划能力的成熟度。

▲ 运用旋转陀螺诊断

1. 进入旋转陀螺中承受摇动

动作要领：孩子站在旋转陀螺中，通过双手平衡的力量，来进行左右晃动的游戏。或者让孩子坐下，双手紧握边缘，指导者进行旋转，观察孩子能够承受哪种程度的晃动。

测试评估：

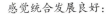

感觉统合发展良好：
（1）能够在陀螺中坚持一段时间
（2）逐渐掌握身体平衡，不惧怕
（3）旋转快了会有眩晕感，但不会出现呕吐、拒绝的情况，表现出好恶感是正常的

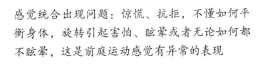

感觉统合出现问题：惊慌、抗拒，不懂如何平衡身体，旋转引起害怕、眩晕或者无论如何都不眩晕，这是前庭运动感觉有异常的表现

2. 自己操作的摇动式旋转

动作要领：孩子坐在陀螺内，稳定身体后，再用双手碰触地面，利用反弹力量转动陀螺。如果上一项游戏掌握得较好，便可以进行这种练习。

测试评估：

感觉统合发展良好：
（1）能找到使身体姿态及双手力量充分协调的姿势
（2）旋转顺畅，全身的弯曲和伸展也比较自然，说明运动企划能力发展良好

感觉统合存在问题：平衡能力不佳、运动企划的灵活度和成熟度不足

3. 其他操作方法

动作要领：孩子在陀螺中时，可以丢球让他接，或由他将球掷到固定的地方。

测试评估：在陀螺中重心不稳定，完成投掷动作需要完整的运动企划能力，这对孩子注意力的培养和自信心的建立有很大帮助，对方向及距离感的判断、视觉空间、身体知觉和控制能力的发展有积极影响。

儿童感觉统合日常测评

🐛 前庭觉发展情况日常测评

儿童前庭觉发展不良，在日常生活中会有各种异常表现，主要分为三类：前庭觉过度敏感、前庭反应不足、神经区辨能力不强。

前庭觉发展情况日常测评

类型		表现
前庭觉过度敏感	1. 对高度异常敏感	与一般小孩喜欢被举高不同，前庭觉过度敏感的孩子会哭闹、恐惧、紧张，挣扎不休；一般人普遍接受的高度对于他们来说也无法忍受，下楼梯双手会紧握着扶手，即使阳台安装了护栏也不敢往外看。高脚椅会让他们觉得难受，只要双脚悬空就觉得不自在。讨厌有高度变化的游戏，如旋转木马、秋千等
	2. 警觉性高，不爱冒险，讨厌刺激	喜静不喜动，讨厌改变，喜欢被大人牵着；由动作带来的感官刺激往往只会产生负面情绪，他们不喜欢体能性的活动，如骑车、跳舞、跑步等
	3. 容易头晕	不管坐车、坐船，还是乘飞机，甚至连电梯也会头晕
前庭反应不足	1. 写反字	左右不分，b 和 d，p 和 q 经常搞混
	2. 热爱加速运动、旋转动作，爱冒险	追逐竞速，摇晃旋转，不停地弹跳，这些都是他们热衷的；主动寻求刺激，好动，身体总在动来动去，坐立不安
	3. 平衡感很差	常常无故跌倒、不小心撞翻物品
神经分辨能力不强	1. 动作不协调，容易失去平衡	笨拙，做一些身体动作时容易失去平衡
	2. 常常为小事紧张	经常处于紧张状态，容易大惊小怪
	3. 方向识别有困难	当参照物发生变化时，分不清是自己在动还是参照物在动；想往东，结果有可能向西走

🐛 触觉发展情况日常测评

触觉不足是触觉系统发展中很常见的表现，通常是触觉刺激不足引发身体功能失常，如造成脑神经抑制困难、脑神经衰弱等。触觉不足主要表现为触觉敏感和触觉迟钝。

触觉敏感

因为触觉不足，在日常生活中，我们可以观察到的儿童通常会有以下表现：

容易养成触觉依赖
- 睡眠有特别的要求，如咬被角、抱着布偶、一定要使用某个枕头等
- 总有一些习惯性的小动作，如咬指甲、咬嘴唇、吸吮大拇指等

对内对外表现不同
- 跟熟人在一起话特别多，固执，但表达不清楚，活泼好动，对亲人粗暴，常常强词夺理
- 在外面会显得安静斯文，以自我为中心，不容易与他人合作

情绪的延续很长
- 即使轻微的碰伤，也会抱怨喊疼，不讲理
- 可以高兴很久，也可以伤心很久，很难从情绪中走出来

多余的动作多
- 行走坐卧时，容易有很多不必要的动作，而且行动幅度很大
- 用力去摔东西，喜欢制造巨响或东西纷纷散落的景象

对自己的事很敏感
- 不喜欢别人讨论自己，不论是褒扬或批评，也不论是特意举例或随口提到
- 常用较激烈的方式阻止他人谈论自己的言行

有小"怪癖"
- 不冷也要穿长袖，对布料很挑剔；喜欢讲话却不喜欢与人接触；怕黑、怕打雷
- 被要求做某件事情，一开始表现很抵抗，但又很容易上瘾，不会主动停下来

▲ 触觉敏感的主要表现

触觉迟钝

触觉不足除了容易出现过度敏感的现象，还会出现触觉迟钝的现象，敏感和迟钝有可能在一个人身上同时发生。

不知道疼		顽固、偏执，没安全感		多动
·打针不哭，摔跤不觉得疼 ·轻微的身体碰触根本察觉不到		·坚持自己的方式，坚持某个程序或固定姿势，不会灵活调整 ·在陌生环境或人多的地方，没有安全意识，胆子大		·不停地走动，玩弄物品、搬动家具 ·到处碰，到处摸，容易打翻或打落桌子上的摆设物

后知后觉		自虐		引发自闭倾向
·忽然对几天前发生的事情产生情绪；不注重细节，感觉不到细节的不同 ·对环境或事件的整合能力不足，后知后觉		·喜欢在地上打滚 ·打自己的头，用头撞墙或故意摔倒		·严重的触觉不足，会引发自闭倾向，也会被误判为自闭症患者 ·作为最熟悉孩子的人，家长要注意观察孩子的日常表现，掌握孩子出现异常表现的真相

▲ 触觉迟钝的主要表现

∽ 本体觉发展情况日常测评

本体觉是自信心和创造力的基础，如果发育不良也是感统失调的一种表现，孩子在日常生活中会有明显的异常表现。孩子的本体觉发育是否良好，可以对比下面的这些情况，进行初步判断。

▲ 本体觉发育不良的孩子容易摔倒

本体觉发展情况日常测评

序号	状况	在所出现的情况后打√
1	精细动作不佳，不会系鞋带、扣纽扣	
2	写字出格、写字颠倒、听到的和写出来的不一致	
3	不会用筷子，吃饭掉饭粒，常流口水	
4	口吃、大舌头、吐字不清，发音不准，语言能力发展缓慢	
5	懒惰、做事没效率，行动慢	
6	对翻跟头、打滚和爬高没有一点儿兴趣	
7	不会自己洗手、擦脸、剪纸和擦屁股	
8	手脚笨拙、不灵活，身脑不协调、反应能力差	
9	做事没自信、抗压能力差、脾气古怪暴躁	
10	不善于玩积木、组装东西、投球、排队	
11	方向感不好，容易迷路	
12	不能玩捉迷藏，过分怕黑	
13	容易摔倒，平衡能力差	

如果有 10 项符合，基本可以初步判断孩子本体觉发育不完善。如果孩子本体觉发育不良，对孩子的身心发育、能力发展都会产生不小的影响，需要做一些针对性比较强的感统训练。

智力发展测评

儿童时期是一个人生长发育最快的时期，这个时期教育的作用尤为重要。出色的感觉统合能力可以有效地开发儿童大脑，使其拥有强大的学习能力，进而提高记忆力、注意力、观察力、想象力、思维能力，而这些能力都是智力的构成因素。

有人认为大脑细胞神经发育与遗传有关，但这并不能说明人的智力完全与遗传有关，因为智力的发展要受到环境的影响，环境包括社会、家庭、学校等，而学龄前早期教育是智力发展的一个关键因素。

智力发展测评是儿童教育中不可忽视的重要方面。智力发展测评，用于综合评定一个人的智力发展水平，心理学家发明了各种测验，是为了对人的智力确定一个范围。大多数智力测验的主要内容包括言语推理测试、一般常识、数值推理、记忆以及感知技能与组织技能等方面。

▲ 在游戏中进行智力训练

《比奈－西蒙智力量表》

1905 年，《比奈－西蒙智力量表》问世，这是世界上第一个测量人类智力的标准量表。它以个别测验（同一时间内主试者只能对一个受测者进行施测）的形式，内容包括 30 个测量一般智力的项目，用语文、数学、常识等题目来测量判断、推理等高级心智活动。

很多知名的心理学家对该量表进行了修订，其中美国斯坦福大学 L.M. 特曼主持修订的《斯坦福－比奈智力量表》最为著名。它的第一版修订本于 1916 年问世，第一次将智商概念运用到智力测验中，用智商表示智力发展的相对水平。

斯坦福－比奈量表智商分布表

智商范围	等级	理论百分数（%）	实际百分数（%）
140 以上	非常优秀（天才）	1.6	1.3
120~139	优秀	11.3	11.7
110~119	中上、聪慧	18.1	18
90~109	中等	46.5	46
80~89	中下	14.5	15.1
70~79	临界智能不足	5.6	5
69 以下	智力缺陷	2.9	2

我国学者在《斯坦福－比奈智力量表》的基础上，经过几次改版，形成了《中国比奈测验》，适合 2~18 岁的测试者。该测验共有 51 个项目，由易到难排列，每项代表 4 个月智龄，每岁 3 个项目。该测验必须个别施测，而且要求主试者必须接受过专门的训练，对量表相当熟悉，能够严格按照测验手册中的指导语进行测验。

《韦克斯勒儿童智力量表》

这是由美国心理学家 D. 韦克斯勒制定的，适用于 6~16 岁的儿童进行智力测验，是当今国际心理学界公认的已被广泛运用的个别智力测验量表。另有《韦克斯勒学前儿童智力量表》，适用于 4~6 岁儿童；《韦克斯勒成人智力量表》，适用于 16 岁以上成人。

《韦克斯勒儿童智力量表》同样采用个别施测的方法，共有 12 项测验，分为语言测验和操作测量两大部分。

韦克斯勒儿童智力量表

语言测验		操作测量	
1	常识	2	图片补缺
3	类同	4	图片排列
5	算术	6	积木图案
7	词汇	8	拼图
9	理解	10	译码
11	（数字广度）	12	（迷津）

∾ 推理能力发展测评

推理是由一个或几个已知的判断（前提），推导出一个未知结论的思维过程。其作用是从已知的知识得到未知的知识，特别是可以得到不可能通过感觉经验掌握的未知知识。

推理能力有利于我们准确、有条理地表达思想、处理事情；帮助我们运用语言，提高听说读写的能力。推理能力让我们可以检查和发现逻辑错误、明辨是非，对于掌握各科知识、将来从事各类工作也很有帮助。

逻辑推理能力的测评也是评估儿童学习能力、大脑开发程度的重要方式。目前国际通用的测评标准为《瑞文标准推理测验》。

《瑞文标准推理测验》由英国心理学家瑞文于 1938 年创制，是一种纯粹的非文字智力测验，整个测验一共由 60 张图组成，其目的是测验一个人的观察力及清晰思维的能力，被世界各国沿用至今。

《瑞文标准推理测验》使用范围广，5~75 岁都可以使用，测验对象不受文化、种族和语言的限制，聋哑人、丧失某种语言机能的病人、具有心理障碍的人都可以用来测验自己的推理能力。

第4章

五大感觉统合训练：
让儿童更健康

感觉统合训练涉及心理、大脑和躯体之间的相互关系，而不只是一种生理上的功能训练。要使孩子在训练过程中能够增强自信心和提高自我控制能力，掌握科学的训练方法，寓教于乐是非常重要的。

触觉训练

✍ 触觉训练的要点

人的触觉感受器分布部位不同，触觉训练以强化皮肤、大小肌肉关节神经感应，辨识感觉层次，调整大脑感觉神经的灵敏度为训练目标。

触觉训练要点一：皮肤

触觉训练的第一个要点是针对皮肤感受的训练。在人类进化过程中，皮肤和脑神经有着共同的进化来源，因此皮肤也被看作第二大脑，皮肤所接收的信息会迅速传达给大脑。针对皮肤的触觉训练应以温度、质感、重量、速度等为主，头部、颈部、身体两侧和四肢内侧是重点部位。

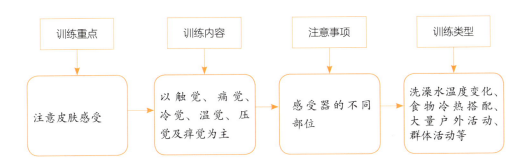

训练重点	训练内容	注意事项	训练类型
注意皮肤感受	以触觉、痛觉、冷觉、温觉、压觉及痒觉为主	感受器的不同部位	洗澡水温度变化、食物冷热搭配、大量户外活动、群体活动等

触觉训练要点二：肌肉与骨骼

触觉训练的第二个要点是针对肌肉与骨骼当中所存在的大量触觉神经细胞的训练。

触觉训练要点三：关节之间

触觉训练的第三个要点是针对关节之间的训练。

✎ 婴儿时期触觉训练的方法

孩子刚出生后是通过对冷、热、轻、重、尖、钝种种感觉刺激来探索和感知世界。丰富的感觉刺激使孩子慢慢明白，什么会带来危险、什么不能靠近、什么能带来安全感、什么才能让自己放松。如，当妈妈的手抚摸孩子的脊背，孩子会很快从紧张、哭闹中解脱出来，因为这种触觉让他们得到安慰，从而可以轻松入睡。

孩子的触觉训练有赖于父母的引导。婴儿期的孩子好奇心重，活泼好动，常常手脚、口唇并用，让父母头痛不已。培养孩子的触觉，父母要从专业的角度出发，用科学的方法给孩子触觉刺激。

按摩与抚触

按摩与抚触是促进宝宝触觉发育的主要方法。给孩子按摩需要专业人士指导，根据一定的操作要点进行。父母可根据孩子年龄的大小以适当的力度将他抱在胸前，轻柔地对其脸部、手臂、手部、脚部、腹背部进行按摩。

宝宝按摩与抚触示意图

1. 脸部

双手拇指放在宝宝前额眉间上方，用指腹从额头轻柔向外平推至太阳穴

拇指从孩子下巴处沿着脸的轮廓往外推压，至耳垂处停止

用拇指和食指轻轻按压耳朵，从最上面按至耳垂处，反复向下轻轻拉扯，然后再不断揉捏

2. 腹背部

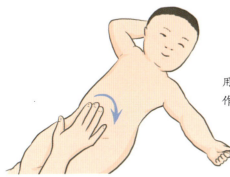

用手掌顺时针方向画圆抚摩宝宝的腹部。动作要特别轻柔，不能离肚脐太近

双手大拇指平放在宝宝脊椎两侧，其他手指并在一起扶住宝宝身体，拇指指腹分别由中央向两侧轻轻抚摸，从肩部处移至尾椎，反复3~4次

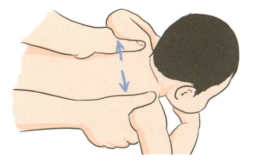

3. 手臂

把孩子的两臂打开，使其掌心向上

轻轻挤捏孩子的手臂，从上臂到手腕，以3~4次为宜

4. 手部

手指以画小圈的方式按摩孩子的手腕。用拇指抚摩孩子的手掌，使小手张开

让孩子抓住拇指，其他手指按摩孩子的手背

一只手托住孩子的手，另一只手的拇指和食指轻轻捏住孩子的手指，从小指开始依次转动

5. 下肢

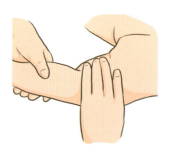

用拇指、食指和中指，轻轻揉捏孩子大腿的肌肉，从膝盖处一直按摩到尾椎下端

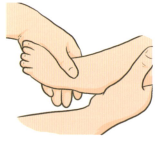

用一只手握住孩子的脚后跟，另一只手拇指朝外握住孩子的小腿，沿膝盖向下捏压至脚踝

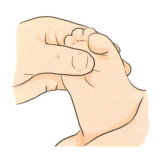

一只手托住孩子的脚后跟，另一只手四指聚拢在孩子的脚背，用大拇指指肚轻揉脚底，从脚尖抚摸到脚跟，反复3~4次

物体刺激

改变宝宝所接触到的物品的材质会给宝宝不同的触觉刺激。

> 1. 改变按摩工具的质地：使用不同材质的刷子

> 2. 不同质地的玩具：布娃娃、积木等，供宝宝抓握、啃咬

> 3. 不同特点的日常物品：筷子、餐盘等，鼓励宝宝摸一摸、抓一抓

地板

铺上不同材质的地板，如塑胶、布料、木料、蓬松棉等，为宝宝提供适宜爬行的环境，让宝宝在爬行的过程中促进触觉的发育。如果有条件，可以在家里设置一个球池，里面放上大大小小、软硬度、粗糙度、材质不一的球，让宝宝在球池里玩耍。

走近大自然

带宝宝走近大自然，让他摸摸泥土、石块、树枝、树叶、小草、小动物的皮毛等各种纯天然的东西，给宝宝准备一些玩沙、戏水、捏泥巴的小玩具，以此来吸引宝宝的兴趣。

涂鸦

平时可以给宝宝准备一些安全的颜料，让他用自己的小手、小脚丫蘸颜料涂涂画画，这也是一种效果显著的促进触觉发育的方法。

　　孩子身体发育的过程，都会经历爬的阶段，爬行活动有助于幼儿全身协调运动。孩子可以通过匍匐爬行得到全方位的触觉刺激，并为更复杂的运动打下基础。

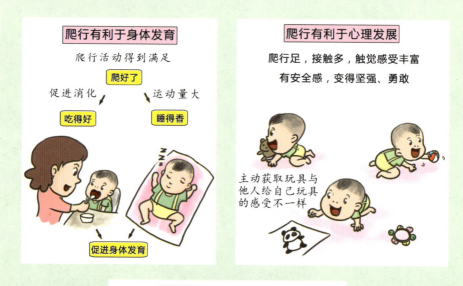

🐝 触觉发展高峰期的重点训练项目

　　6 岁前是触觉发展的黄金期，这期间的触觉发展将为孩子各种能力的发展奠定基础。在此期间，父母要帮助孩子做好触觉训练，把握好不同阶段训练的侧重点，在合适的时间进行合适的触觉训练，以帮助孩子的触觉系统得到良好的发展。

阶段一：胎儿期

在胎儿时期尝试多触摸准妈妈的肚皮，你会惊喜地得到胎儿的反应。此时胎儿的触觉发育已经非常不错，想要继续发展他的触觉，最好的办法就是洗热水澡。

为了减少畸形儿的出生，孕妇在孕育3个月以内，应避免用过热的水洗浴，水温要控制在39℃以下，尤其不要洗盆浴，避免腹部长时间浸泡在浴缸里。洗澡时间不宜太长，建议不超过20分钟。

盆浴禁忌水温过热、时间太长，否则会对胎儿产生极大的伤害

淋浴是正确的方式，但水温同样不要过热

阶段二：1岁以内

1岁以内的孩子从出生就开始探索这个世界，触觉敏感部位也逐渐发展到全身。轻抚按摩是一种既温柔又有效果的方式。宝宝的口周、眼、前额、手掌和脚底等部位触觉很灵敏，所以父母（尤其是妈妈）可以经常用自己温暖的双手去轻抚宝宝的这些部位。

1.触觉发展的不同阶段

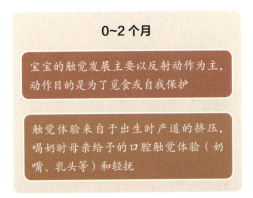

0~2个月

宝宝的触觉发展主要以反射动作作为主，动作目的是为了觅食或自我保护

触觉体验来自于出生时产道的挤压，喝奶时母亲给予的口腔触觉体验（奶嘴、乳头等）和轻抚

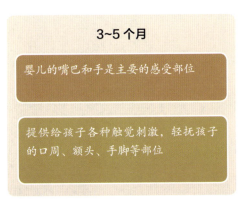

3~5个月

婴儿的嘴巴和手是主要的感受部位

提供给孩子各种触觉刺激，轻抚孩子的口周、额头、手脚等部位

6~9 个月	10~12 个月
触觉发展已经遍及全身，孩子可以用身体的各个部位去感受刺激、探索环境，家长的按摩对孩子也很重要	宝宝的触觉已经得到了很好的发展，定位越来越清晰，可以初步分辨出所接触的物体材质上的不同
各个部位都是触觉敏感区，不管对孩子的哪个部位进行按摩，都可以培养孩子的触觉系统	给孩子轻抚按摩，创造不同的触觉体验；让孩子分辨不同物品的质地

▲ 1 岁以内孩子触觉发育侧重点

2. 出现口腔敏感期现象

3~5 个月的婴儿特别爱咬自己的手，拿到东西就往嘴里塞，还特别爱流口水，这是一种"成长敏感期"的正常生理现象，家长不需要一味去纠正，否则反而妨碍婴儿的成长。

在口腔敏感期，婴儿的口腔敏感度最高，无论是把纸、塑料还是金属往嘴里放，都是他在探索物质属性的表现。

口腔刺激得到满足，大脑和口腔通路建立良好，口腔控制能力变强，不但能帮助孩子停止流口水，还能为以后的语言发展打下基础。

孩子在这个阶段本能的抓握是为"抓握敏感期"打基础，同时对本体觉、手眼协调发展都有促进作用。

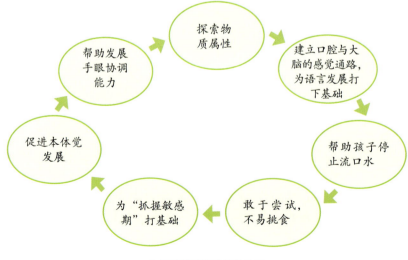

▲ 口腔敏感期的促进作用

阶段三：1~3 岁

在这个阶段，孩子学会了走路，触觉训练项目以手工活动、玩玩具、提供全身刺激为侧重点。

做手工	玩玩具	全身触觉刺激

▲ 1~3 岁触觉训练项目的侧重点

著名教育家、儿童教育专家陈鹤琴说："对玩具应作广义理解，它不是只限于街上卖的供儿童玩的东西，凡是儿童可以玩的、看的、听的和触摸的东西，都可以叫玩具。"

1 岁之后，孩子慢慢学会了走路，解放出双手。这一时期的孩子好奇心强，对外部世界充满了求知的欲望，父母要为孩子营造丰富的感觉刺激的环境，帮助孩子发展触觉。

提供多种多样、操作性强的玩具	·孩子能玩的物体可以说都是玩具，一些操作性强的玩具是很好的触觉训练工具，如积木、七巧板、乐高等。在操作这些玩具时，孩子需要用双手配合做出各种动作，如抓、握、揉、穿插、旋转、拆卸等，在这个过程中，手指、手掌、指尖、手心、手背都会得到不同的触觉体验
进行全身触觉刺激	·除了让孩子的双手能感受到触觉刺激之外，身体的其他部位也要进行适当的触觉刺激。可以让孩子在柔软的被子里来回翻滚，或用毛毯把孩子包裹起来玩"卷寿司"的游戏，也可以对孩子进行全身的按摩，这样可以在一定程度上满足孩子对触觉感受的需求
提供对触觉发展有益的活动	·套叠玩具：可以锻炼孩子的手眼协调能力，同时也有利于儿童理解大小的概念和因果关系 ·串珠活动：可以锻炼孩子的手部小肌肉以及手眼协调能力，对耐力也是一种锻炼 ·荡秋千、滑滑梯：帮助孩子有勇气挑战，对身体运动有利 ·拼图游戏：锻炼孩子的手部小肌肉，对形状、空间推理能力的发展有利

▲ 1~3 岁孩子的触觉训练项目

阶段四：4~6 岁

这个阶段，儿童需要为学龄期做好准备。首要是培养孩子的生活自理能力，通过对各种生活习惯的培养，孩子身体各部位的触觉能力会得到进一步发展。

1. 培养 4~6 岁儿童的生活自理能力

通过基本生活自理能力的培养，有助于增强孩子身体各部位对触觉刺激的敏感程度，同时也能让孩子适应幼儿园的集体生活。

独立进食	独立入睡	独立穿衣	独立打理个人卫生	独立收纳玩具
自己喝水、吃饭、夹菜，使用筷子、勺子熟练，吃饭不掉米粒	可以自己入睡，不要求大人陪伴，养成按时入睡的习惯	自己可以穿脱衣服，培养孩子把自己的衣服叠好放置整齐的习惯	可以自己洗手、洗脸、刷牙、泡脚等，大小便可以自理	培养孩子养成自己收纳玩具物品的好习惯

▲ 培养孩子生活自理的能力

2. 满足孩子手部触觉的需求

这个阶段的孩子，触觉兴趣慢慢从身体集中转移到手部，喜欢用手去探索新的物体。因好奇心的驱使，孩子什么都想摸、碰，还喜欢将物品拆开。如果出现这样的情况，父母不应责怪，应为其创造各种机会，满足其发展手部触觉的兴趣。父母可以为孩子准备各种手工材料，如面团、黏土、卡纸等，让孩子随心所欲粘贴、揉捏出不同造型。父母还可以与孩子一起玩沙子，沙子是打通触觉神经通路的媒介，可提高孩子触觉的敏锐性。

此外，大自然会带给孩子很多新奇的体验，多带孩子走进大自然，接触大自然的东西，如泥土、石块、鲜花、小草、动物等，丰富孩子的触觉感受。

▲ 在大自然中玩耍可以丰富孩子的触觉感受

触觉训练注意事项

由于触觉感受器分布很广，所以触觉功能训练除了借助专门的触觉训练器具来完成，还可以在其他训练活动中或日常生活中兼顾着对儿童触觉进行训练，如训练平衡觉和前庭觉时，身体与器材的接触会对皮肤触觉有影响。在进行触觉训练时，应注意以下几个方面。

滞后性	➡	灵活调整部位	➡	善于改变形式
·触觉刺激比较滞后，训练时要注意强度和时长 ·对于触觉敏感者，训练强度应由弱到强；对于触觉迟钝者，训练强度应由强到弱		·训练初期，宜从相对不敏感的部位开始，逐渐过渡到敏感部位 ·相对不敏感的部位如手背及指端，敏感部位如大腿内侧		·训练形式应根据实际情况进行改变，加强与其他训练活动的结合。如触摸方式可由自我触摸过渡到借助道具触摸等

▲ 触觉训练的注意事项

常见的触觉训练活动

※ 袋子里有什么

适宜：2~3 岁

目标：帮助宝宝感受不同形状和质地的物品，帮助他们了解物品的特性，还可以帮助宝宝发展语言技能，为宝宝开发视觉记忆增加触觉成分，可以使宝宝从三维角度理解事物。

操作要点：

1. 把熟悉的物品（如玩具卡车、球、布娃娃或者喜欢的勺子、杯子）放入枕头套或袋子里。

▲ 训练孩子从袋子里拿出玩具

2. 让宝宝把手伸进袋子内摸一样东西，然后让宝宝猜是什么，宝宝可能会猜两次以上。如果猜不出，在他泄气前提示他。

3. 拿出物体，让宝宝说出它的特征，解释软硬、粗糙和平滑等概念。

4. 放入另一个玩具，重复游戏，鼓励宝宝使用向他介绍过的词说出物品的特点。

活动延伸：让宝宝把一件东西藏进枕头套，家长来猜。还可以把东西放进枕头套，让宝宝从外面摸，猜测是什么。

※ 翻书游戏

适宜：9个月至2岁

目标：通过翻书，提高宝宝的手指灵活度，促进触觉发展。

操作要点：

1. 在给宝宝讲故事的时候，可将翻书的任务交给宝宝做。

2. 如果孩子一开始做不到一页一页地翻，就先示范给他看。不同的书有不同的纸张，逐页翻书有利于提高手部的感觉能力和触觉感受。

▲ 和孩子进行翻书游戏

▲ 球池游戏

※ 球池游戏

适宜：3~6 岁

目标：球池对触觉有强化作用，对前庭系统和身体协调都有帮助作用。

操作要点：

1. 帮助孩子跨入球池或跳入球池。

2. 把身体全部埋入球池中，接受周围的挤压。

3. 身体在球池中翻动，四肢随之摆动，感受身体重力感的变化。

4. 家长要注意孩子的表现，观察孩子触觉和重力体验的问题。

※ 卷筒游戏

适宜：5 个月至 3 岁

目标：通过摩擦身体，孩子皮肤的感觉会在挤压和摩擦下逐渐敏锐，对于触觉异常的孩子有很大帮助，翻滚动作也能帮助孩子本体感的发展。

操作要点：

1. 将宝宝放在预先铺好的毯子或毛巾上，把孩子卷成筒状。

2.把孩子头部和脚部露出来，家长轻轻挤压孩子的身体或推动卷筒翻滚。

3.注意包裹孩子的力度，以孩子没有不适、身体活动自如并能产生摩擦为宜。

活动延伸： 可以引导孩子自己裹着毛巾筒在床上或地板上来回滚动，体验挤压和摩擦的感觉；可以更换材质明显不同的毯子，绒布、线毯、粗布等。活动时间以十分钟为宜。

※ 猜字游戏

适宜： 4~6 岁

目标： 通过在手心或后背写字，增加触觉学习。

操作要点：

1.让孩子闭上眼睛，伸出手，家长在其手心写字或比画简单的符号让孩子猜。

2.双手交换反复进行。

活动延伸： 可以在孩子背部写字，先从简单的字写起，反复练习。

※ 打水仗

适宜： 3~6 岁

目标： 通过水枪射击的力度和部位的不同，加强身体的触觉学习。

操作要点：

1.家长和孩子，或是几个孩子同时拿着加满水的喷水枪，向对方身上喷水，展开水战。

2.场地要宽阔，也可以用水瓶。

▲ 打水仗

前庭觉训练

∽ 前庭觉训练要点及目标

在日常生活中，为什么人在行进的列车上闭着眼睛也能感受到车行的方向和速度？这与人体的前庭觉有关。在前面的章节中，我们介绍过前庭觉是指利用内耳的三对半规管以及耳石来探测地心引力并控制头部在活动中的方位，以保护身体平衡的感觉。

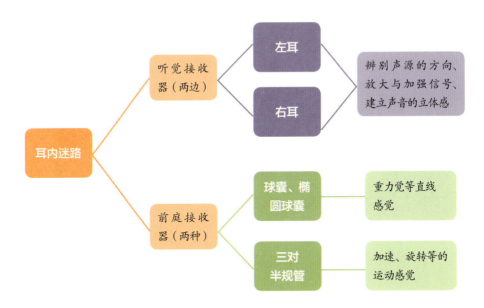

▲ 前庭觉信息处理示意图

前庭觉训练的要点

前庭觉负责接收并过滤脸部正前方的信息，所以前庭觉训练主要围绕头部和颈部进行。

俯卧	·幼儿在俯卧和爬行的过程中，头部和身体呈90°夹角，给颈部的前庭神经核带来刺激，从而有利于前庭神经的发育 ·适合的活动：爬行、游泳等
转动	·头部转动需要宝宝以颈部为支点，向各个方向、以各种角度转动，在这个过程中前庭神经核会得到刺激和按摩，使前庭神经得到发展 ·适合的活动：身体前后翻滚、突然转头、左看右看等
晃动	·身体晃动会引起头部的震动，前庭神经核得到刺激，有助于其进一步发展 ·适合的活动：蹦跳、奔跑打闹等

▲ 1~3岁前庭觉训练要点

前庭觉训练的主要目标

前庭觉是综合判断头部位置和身体变化的综合性感觉，有助于人的头、眼、四肢和身体相互协调做出一系列动作。

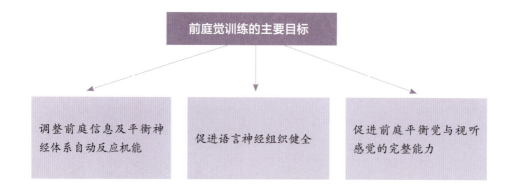

前庭觉训练的方法

进行前庭觉训练时，通过给前庭器官不同程度的刺激，使调节姿势反应的前庭功能正常化，在接受触觉刺激的同时，前庭刺激和触觉刺激具有促进其他感觉统合的作用。所以在感统训练中，前庭觉训练是优先度和重要度比较高的训练。

婴幼儿时期的训练

1. 孕期训练准备

胎儿在孕期的前三个月主要是发育大脑神经系统，这需要准妈妈们适当地运动，如散步、做一些家务等，这些运动对胎儿的前庭觉发展是有好处的。

2. 日常活动中的训练

当孩子出生后，每天可以帮助他做几秒钟的俯卧抬头、头竖直等训练。适当地摇抱孩子，不要总让孩子躺在床上看天花板。

3. "三翻六坐七滚八爬"

3 个月开始训练孩子翻身，6 月开始训练孩子坐，7~8 个月开始训练孩子爬行。这是周岁以内宝宝运动发展的过程。这些训练有利于前庭觉的良好发展，也与孩子的注意力、动作协调性、语言能力等有密切的关系。

不要过早使用婴儿车、学步车，也不要太依赖它们，不要错过孩子的爬行阶段。1 岁左右让孩子学走路，然后逐步训练孩子跑、跳，单、双腿蹦，上下台阶、走平衡木、坐滑梯、跳绳、拍球等。

通过各种运动训练来刺激平衡能力

前庭训练需要前后、左右、上下、旋转、停止等有规律和无规律的刺激，可以通过以下各种运动训练达到刺激前庭系统的目的。

"旋转"运动	**"平衡"运动**	**"跳跃性"运动**
可借助的器材有旋转圆桶、旋转木马、旋转椅子等	平衡木、平衡板等可以用来锻炼平衡能力	蹦床、翻滚、垫上运动等，通过反复体验跳跃这一动作，来锻炼前庭平衡觉

速度感、位置感、距离感的体验运动	**"姿势反应性"运动**	**"摇晃"运动**
让孩子一只脚着地，一只脚踏上滑板的儿童踏板车，可以让孩子同时体验到速度感、位置感、距离感	骑儿童踏板车、玩沙坑、走草地、滑滑梯、腹部爬行等，对前庭平衡觉有刺激作用	荡秋千、躺吊床等是适合前庭训练的运动，可以采取腹卧、仰卧、侧卧倒等不同的体位，来获得不同的感受

▲ 训练平衡能力的主要方法

使用器材进行前庭觉训练

借用器材的辅助，可以更好地进行前庭觉训练。常见的前庭觉训练器材有吊网、滑梯、秋千、蹦床和羊角球等。

滑梯
· 可以让孩子顺着滑或头朝下倒着滑，滑下来时要注意安全。具有刺激前庭觉的作用

秋千
· 可以在家安置秋千，荡秋千可以前后左右晃动，对孩子的前庭觉起到全方位的刺激作用

蹦床、羊角球
· 蹦床和羊角球可以进行弹跳训练，弹跳运动属于上下性质的直线加速运动，对前庭器官有一定的刺激作用
· 如果家里摆不下蹦床，可以去游乐场所进行训练

吊网
· 孩子或躺或坐在吊网中，然后通过有节奏地摇摆或旋转，来刺激前庭感觉
· 前庭觉正常的孩子，在旋转中会产生眩晕感，眼球会震颤；前庭反应不良的孩子，在旋转后很少产生眩晕感

▲ 借助器材进行前庭觉训练

前庭觉训练注意事项

前庭是大脑的门槛，触觉、关节活动的信息都需要在此过滤以选择重要的信息作为回应。因此，进行前庭觉训练时，要注意以下事项。

前庭觉训练注意事项

控制好训练强度	家长的关注与支持	禁忌
· 前庭觉训练强度取决于该项训练所带来的加速度大小和训练持续时间的长短。初期训练，应选择强度小的刺激方式，如摆荡、震动等加速度小的运动，然后再进行旋转、翻滚等刺激强度相对较大的运动，并且逐步地延长运动时间 · 训练中注意观察孩子的反应，如果孩子出现眩晕、反胃等情况时，应停止训练并休息几分钟，或改变训练项目，这样可以避免孩子对训练项目产生厌恶或恐惧的情绪	· 家长应陪伴在孩子身边，关注训练过程，不仅可以在发生意外时给予保护，还可以对孩子的表现及时进行肯定和鼓励。初期训练时，孩子不适合单独自助训练，应以被动或助动训练为主	· 如果孩子有心脏病、癫痫、脑血管严重畸形等疾病，前庭觉训练必须特别谨慎，训练方式和强度要先咨询专业人士

🐛 常见的前庭觉训练活动

※ 蹦蹦床上跳跃

适宜：3~6 岁

目标：弹跳运动是一种上下性质的直线加速运动，对前庭器官可以起到一定的刺激作用。通过蹦床跳跃，对前庭觉和本体觉以及肌肉的张力锻炼有帮助。

操作要点：

1. 上、下蹦床时注意孩子是否需要帮助。

2. 如果孩子感觉紧张，家长可以先示范，熟悉后，孩子可以在蹦床上进行双脚跳、单脚跳，自如地操控自己的身体。

延伸活动：孩子躺在蹦床上闭上眼睛，家长在旁边跳跃，对孩子的前庭觉的调节更有帮助。

▲ 在蹦蹦床上跳跃

※ 前滚翻和侧滚翻

适宜：2~6 岁

目标：身体滚动翻转是一种加速运动，以旋转的方式刺激孩子的前庭器官，对孩子的前庭觉训练很有帮助。

▲ 前滚翻动作示意图

操作要点：

1.前滚翻动作要领：双手支撑，重心向前，两腿蹬直，绷紧脚尖，然后头、颈、背、腰、臀依次翻滚向前，到背部时收腹屈膝，蹲立。

2.侧滚翻动作要领：两脚前后分立，哪只脚向前就从哪个方向侧翻，身体翻滚的顺序为肩、背、腰部侧面和腿部侧面。

3.侧滚翻是在前滚翻的基础上形成的，两个动作都是身体的自我保护动作。训练前，应先给孩子讲解动作分解要领，在地上铺好垫子，做好保护工作。

活动延伸：让孩子在完成动作后，接住滚向自己的皮球。在完成动作的时候可以放慢速度，让孩子体会身体的变化，增强本体觉。

※ 荡秋千

适宜：2~6岁

目标：荡秋千是常见的游戏，无论摆动、摇晃、旋转都会对孩子的前庭觉形成刺激，对本体觉和注意力的发展也有帮助。

操作要点：

1.选择适合孩子年龄的秋千（主要考虑大小、高度等）。

2.如果孩子年龄太小，可以把孩子抱到秋千上，秋千的高度以孩子双脚刚刚离地为佳。

3.家长先让秋千以比较小的幅度晃动，看看孩子的反应，如果孩子能够接受，再慢慢增加幅度。

4.孩子双脚撑地，自己控制秋千的起始速度和摆动幅度。

活动延伸：秋千的前后左右晃动，对孩子的前庭觉可以起到全方位的刺激，还可以原地旋转。在有成人保护的前提下，可以站在秋千上，提高重心的位置，改变重力体验；可以双人荡秋千，丰富游戏形式。

※ 趴地推球

适宜：3~6 岁

目标：对手眼协调能力、手臂力量的锻炼都有帮助作用，对前庭觉起到强化作用。

操作要点：

1. 让孩子趴在软垫上，腹部着地，头部、上肢、小腿、双脚抬起来。

2. 手心向外，五指相对，把球推向墙壁，等球弹回后，再推球。

3. 速度由慢到快，距离由近到远，推球次数由少增多，可以自行调整。

活动延伸：推球时，脚部可以夹个皮球，或放上沙袋，增强孩子的注意力；增加连推数量或增加推球时间以提高游戏难度。

※ 钻山洞

适宜：1~4 岁

目标：钻山洞时需弯曲身体，保持颈部和头部直立，对前庭觉发展有益。

操作要点：

1. 将家里的桌椅放在一起，或搭建类似的空间。

2. 让孩子从家具下方空间钻过去，不同的高度需要调整相应的姿势，手脚并用，向前爬行。

活动延伸：可以设置不同的要求提高难度，如不能碰到桌子腿，或者设置极低的高度，需要孩子肘部着地，小心爬行，或者要求倒着爬回原处等。

※ 跳绳

适宜：3~6 岁

目标：跳绳是一种常规的直线跳跃运动，对前庭觉有一定的刺激作用。操控跳绳还可以帮助儿童发展身体协调能力。

▲ 跳绳

操作要点：孩子双手握绳，通过胳膊用力甩动绳子向前划过，绳子落地，身体跳起，反复跳动。

活动延伸：可以倒着跳，或者双人一起跳，或者几个小朋友一起跳绳，进行比赛，对孩子性格的养成有帮助。

※ 立定拍球或拍球行走

适宜：2~5岁

目标：通过拍球，收缩颈部、背部肌肉，对眼球控制身体形象、视空间知觉等的发展有促进作用。

操作要点：

1. 双脚分立保持身体平衡，拍球时可以计数，加强注意力。

2. 边拍球边行走，保持身体的平衡。

▲ 拍球行走

本体觉训练

❧ 本体觉训练的内容及要点

本体觉训练以强化固有平衡、前庭平衡、触觉、大小肌肉双侧协调，促进身体的运动能力、健全左右脑均衡发展为训练目标。

训练内容

本体觉的训练内容主要分为静态训练和动态训练两类。

> **静态训练**
> · 孩子无论是坐着、躺着还是站着，身体的肌肉都会有一个变化的过程，本体觉的感觉器官不仅能接收到身体静止或运动时的不同信息，还可以感受到头部、颈部、背脊、双脚的重力平衡

> **动态训练**
> · 肌肉的收缩特别是反抗阻力时的收缩，是促进本体感受信息输入中枢神经系统的重要方法，如当孩子俯卧在滑行板上时，头部仰起时会使颈肌产生强烈的收缩以对抗地心引力。本体觉动态训练需要加强这种感觉输入

▲ 本体觉的两种训练类型

训练要点

本体觉训练要点可以从肌肉收缩运动、顺应性反应两方面着手。

> **肌肉收缩运动**
> · 较强的肌肉收缩可为脑干部统合提供感觉输入。持续的肌肉收缩对肌梭机能有增强作用，肌梭产生的感觉信息往往会导入小脑，可对脑干部的统合功能起到促进作用。此外，肌肉收缩有助于中枢神经系统本体感觉信息的输入

> · 适合进行游泳、摔跤、拔河、爬绳、骑车、搬运物品等训练

顺应性反应	· 通过顺应性反应，孩子不仅能理解一些对环境具有改变作用的活动，还能进一步增强内存驱动力。如果孩子的顺应性反应良好，可以提高组织协调能力，并使孩子的大脑处在条理清晰的状态中	· 每一种顺应性反应又会引起进一步的感觉统合，为了统合这些感觉，孩子会试着顺应它们，如此便形成了一个良性循环

▲ 本体觉训练要点

❧ 本体觉训练的方法

人出生时的本体觉并不发达，需要后天的训练。根据儿童不同时期的发展特点，可以采用各种方式来达到促进本体觉发育的目的。

根据成长期进行训练

本体觉训练应根据孩子在婴儿期、幼儿期、儿童期的成长特点，进行针对性的训练活动。

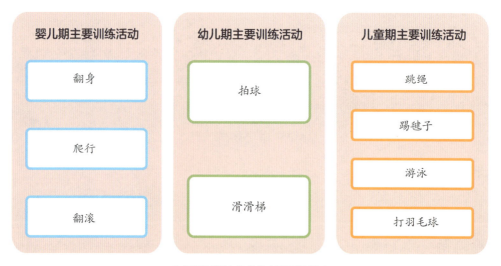

婴儿期主要训练活动
- 翻身
- 爬行
- 翻滚

幼儿期主要训练活动
- 拍球
- 滑滑梯

儿童期主要训练活动
- 跳绳
- 踢毽子
- 游泳
- 打羽毛球

▲ 不同时期本体觉的主要训练活动

根据内容分项训练

根据本体觉训练内容分类，可侧重进行手指小肌肉的精细运动训练、生活自理能力培养、球类运动等。

手指小肌肉的精细运动训练

根据孩子的年龄、能力等特点，可自行设计抓、握、捏、扔等游戏，如摆积木、投球、捏橡皮泥等

生活自理能力培养

注重生活自理能力的培养，如洗脸、穿衣、系鞋带等，孩子能自己做的事情要鼓励他们自己做

积极进行球类运动

球类运动对训练小肌肉、大肌肉协调能力及反应速度、灵活性很有帮助，还有利于孩子的运动能力、注意力、手脚的协调能力等发展

▲ 本体觉分项训练的主要内容

❧ 本体觉训练注意事项

本体觉可以帮助孩子进行模仿、执行、协调肢体动作等活动，训练时除了要注意刺激信息的交替变化，还要注意以下事项：

重视孩子的主体性与主动性

提高孩子的本体觉能力，需要保证训练按计划实行。所以训练中应以孩子为主体，提高其主动性；训练方式以助动训练和主动训练为主，让孩子有意识、有计划、有目的地去完成各种动作

了解孩子对动作的感知程度

本体觉训练初期以掌握动作为主，在动作熟练后，可以训练儿童有意识地感知动作的各种属性的能力，如方向、方式、幅度等，可以让儿童闭目或睁眼交替完成项目，提高神经中枢对动作的有效控制

有意识地进行渗透认知训练

训练中应该加强对动作概念、术语的认识，引导儿童领会和掌握动作的操作要点、节奏、度、力量等，建立完整的动作印象，有利于本体觉的提高

有针对性地对关节感受器进行训练

关节感受器敏感性相对较差，需要进行专门的挤压、搓揉和牵拉等训练，以增加运动刺激，提高关节部位的本体觉

▲ 本体觉训练的主要注意事项

～ 常见的本体觉训练活动

※ 举高高游戏

适宜：8 个月至 2 岁

目标：给宝宝空间刺激，发展本体觉

操作要点：

1. 家长仰卧，小腿屈起，让宝宝趴在小腿上。

2. 抓着宝宝的手，让宝宝把手放在家长膝盖上，并摸着宝宝的手以给予安慰。

3. 家长的小腿上下、左右移动，看宝宝的反应，腿可以抬高一些。

活动延伸：双手虎口卡住孩子的腋下，不断地举起孩子，根据孩子的反应，调整速度和频度。

▲ 举高高游戏

※ 捉迷藏游戏

适宜：3~7 岁

目标：改善孩子的肢体控制能力，提高空间判断能力

▲ 玩捉迷藏游戏

操作要点：

1. 家长要讲清楚游戏规则，或给孩子示范游戏方法。

2. 用丝带把孩子的眼睛蒙上，如果孩子表现出害怕，可以多试几次，等孩子适应后再开始游戏。

3. 家长在蒙上孩子的眼睛后，发出拍手声吸引孩子来找人。

4. 游戏开始前场地要打扫干净，不要有障碍物，避免孩子跌倒受伤。游戏时家长不要离得太远，鼓励孩子，适时主动被"抓住"。

活动延伸：蒙上眼睛会让孩子对自身有不同的认识，所以让孩子蒙着眼睛做一些平时容易做的事情，如讲故事、唱歌、跳舞等。

※ 小司机

适宜：3~6 岁

目标：锻炼孩子的方位感，改善本体感受

操作要点：

1. 需两个孩子配合。两人一前一后站立，用布带套住，组成一辆汽车。

2. 前面的人当司机，保持站立姿势，手拿道具当方向盘；后面的人当乘客，弯下，把头抵在前面司机的腰部。

3. 司机要询问乘客去哪儿，乘客回答后，司机角色开始假装开车，带着乘客一起在屋子里跑动。玩一会儿后，交换角色继续游戏。

※ 翻筋斗

适宜：3~6 岁

目标：锻炼孩子的本体觉和肢体的柔韧性

操作要点：

1. 翻筋斗，前翻、后翻、侧翻都可以尝试。

2. 保持身体短暂停留，做出双腿在上，双手支撑地面的弯曲姿势。

▲ 翻筋斗

视知觉训练

✍ 视知觉发展的一般规律与关键期

在心理学中，对到达眼睛的可见光信息进行解释，并利用其来计划或行动的能力即为视知觉。视觉是视知觉发挥作用的基础。在进行视知觉训练前，首先要了解视觉发展的一般规律和视知觉发展的关键期。

视知觉发展的一般规律

儿童视知觉发展具有一定规律，不同年龄段会有不同的特点。下面为美国学者白拉格研究出的儿童正常视觉发展表，值得我们好好对照一下。

儿童正常视觉发展表（7岁以内）

阶段	表现
0~1个月	看光或相关事物，眼肌调节能力差
1~2个月	追视物体及光源，对色彩斑斓的物品感兴趣，盯住大人的脸，开始进行双眼协调运动
2~3个月	专注地看，能区别面孔、黄色、橙色及红色
3~4个月	眼睛运动更加自如，视力有所改进，能较顺利地追视物体
4~5个月	视点由物体开始向身体各部分转移，企图抓或移向其喜爱的物体，开始用视觉探索环境，能认出熟悉的面孔，视觉发育亦趋完善
5~6个月	够到或抓住物体，表明手眼协调开始
6~7个月	视点能从物体转向物体，捡起失落的物体，眼球能自如移动
7~8个月	熟练地观察物体并注视结果，观察运动物体并能快速追视
9~10个月	视力很好，转眼自如，能搜寻物体甚至转向角落，可以模仿别人的面部表情

续表

11 个月至 1 岁半	视觉敏捷，视功能充分发展，可玩积木或组装物体
1.5~2 岁	通过视觉观察将物体进行配对，可以指出书中的物体，模仿敲打与行为表演
2~2.5 岁	远距离视觉发展，模仿其他运动，指出喜爱的颜色，视觉记忆力增强
2.5~3 岁	分辨几何图形，画圆圈、椭圆、长方形、三角形
3~4 岁	依形状分类，深度知觉较好，可画长线、十字及其他许多形状
4~5 岁	眼手协调能力增强，会做涂色、剪贴等手工
5~6 岁	观察图画内部的联系，会临摹简单字母
6~7 岁	临摹抽象图画，写字，阅读

视知觉发展的关键期

第一：胎儿 9 个月左右

母亲的运动情况影响胎儿的前庭觉发育，进而影响视力发育。

第二：出生之后

孩子的抬头动作，父母多抱多背孩子，对视知觉有重大意义。

第三：学习爬行的情况

爬得越多越有利于孩子对空间关系的认知。3~6 岁是孩子视觉发育的一个关键期，也是空间知觉的形成期。

▲ 训练婴幼儿抬头

视知觉训练的方法

视知觉训练是学习能力训练中的一方面，主要训练儿童准确地接收视觉信息，大脑进行准确加工处理的能力。

视知觉和"视觉"不一样，它是以视觉为基础，能让孩子对视野内的物体进行观察和辨别的能力。这种能力主要包括视觉敏感度、视觉辨别能力、视觉记忆能力、视动统合能力、视觉联想能力、视觉专注能力、视听协调能力以及视觉广度等。

视觉敏感度 俗称视力，指从一定距离感知和辨别细小物体的能力	**视觉统合能力** 视觉与身体各部位精细动作相互配合的能力	**视觉空间知觉能力** 准确掌握以及表现视觉空间的能力	**听觉协调能力** 视觉与听觉接收信息时产生的联动反应能力
视觉辨别力 区别环境中的人、物、线条或文字的辨别能力	**视觉记忆力** 个体对视觉经验的识记、保持、再现的能力	**视觉专注能力** 视觉选择性注意的能力	**视觉广度** 眼睛在注意力集中状态下所看到的空间范围

▲ 视知觉的主要能力

根据视知觉能力进行训练

视知觉训练的内容与方法在视知觉能力的基础上展开，主要分为以下几个方面：

1. 视觉精度训练

视觉精度训练指在孩子视野所及的范围内，锻炼其主动、准确区分物体的能力，训练主要从以下三个方面进行。

视觉探索
- 利用颜色、光线、放大镜等进行分辨观察
- 如将红色的橡皮和其他颜色的橡皮混在一起，让孩子挑出红色的那块

视觉描述
- 通过描述某一项活动，或描述图画故事书的内容等形式进行训练
- 如让孩子看窗外的景物，然后描述他所看到的景象

视觉理解
- 对所看到的某个事物或事情的认识、认知、理解的能力
- 如猜谜游戏，让一个孩子做某一个动作，让其他孩子猜他在干什么

▲ 视觉精度的主要训练内容

2. 视觉的辨别力训练

包括求同、求异两个方面，把一个物体与另一个物体区别出来。如在一系列图案（如数字或汉字）中有一个是不同的，让孩子找出来。

3. 视觉记忆力训练

视觉记忆力训练主要包括符号训练、简单的记忆训练、数字和字母记忆训练等方面。

| 符号训练 | ➡ | 简单的记忆训练 | ➡ | 数字和字母记忆训练 |

▲ 视觉记忆力训练的主要内容

4. 视觉 + 动作记忆

进行视觉 + 动作记忆训练时，可以先做出某一些连续动作，如蹲下后起身、向左转再向右转、再抬头、双手上举等，注意动作之间不间断，保持连续性。一个过程完毕后让孩子再重复练习。

5. 视觉 + 动作、速度训练

可通过跳绳、跳皮筋、接抛球、抄写等方式进行训练。

▲ 跳绳

6. 视动整合训练

进行视动整合训练时，可通过画人、画物、猜谜等方式进行。如进行图画猜谜时，家长可以先准备一些完整的画，再分别剪成几部分，让孩子重新拼好。

根据不同发展阶段进行训练

视知觉训练要尊重儿童视知觉的发展规律，抓住视知觉发展的关键期，用科学的方法进行训练。

0~6 个月：黑白期	7~12 个月：色彩期	1~3 岁：立体期	3~6 岁：空间期	6 岁以后
· 视力还没发育好，只能看到一些光与影 · 以各种颜色的刺激、光源注意力以及追视能力的训练为主	· 可以辨别出物体的细微差别，喜欢颜色鲜明的玩具 · 以发展视觉注意力、色彩敏感度为主	· 对远近、前后、左右有更多认识，有了空间立体感 · 以 3D 玩具、镶嵌式玩具，认识简单的形状等训练为主	· 能判断出物体大小、上下、内外、前后、远近 · 训练以追视、手眼协调、观察不同尺寸大小的物品外观为主	· 视觉与大人基本一样，其中立体视功能要到 9 岁才能达到正常 · 围绕视觉注意力、记忆力、辨别力、敏感力、协调力等，进行多方面的视觉综合训练

▲ 根据视知觉发展规律进行训练

ꙮ 视知觉训练注意事项

视知觉训练是学习能力训练中的一方面，主要训练孩子准确地接收视觉信息，大脑准确地加工处理的能力。由于孩子小，受到各种能力因素的限制，父母要细心观察，耐心指导，孩子们的视知觉才会越来越强。

应从孕期开始进行前庭刺激

· 人类眼球能转动的最早原因，是胎儿5个月大时，在母体内所受到的前庭刺激

· 准妈妈在怀孕之后，就应开始给胎儿适度的前庭刺激，如孕妇常坐摇椅、散步、跳轻缓的舞蹈等

在婴儿期应进行丰富的视觉刺激

· 在婴儿床周围，适当悬挂一些色彩鲜明、可发声或转动的玩具，吸引孩子的注意，让其眼睛有充分的活动机会，并接受丰富的视觉刺激

· 当婴儿颈部较有力时，可让其俯卧在地板上，观看周围的环境，使前庭觉、视觉及颈部和外眼肌的运动觉，获得综合发展的机会。此外，丰富的爬行活动，有利于孩子发展对空间关系的认知，进而影响视知觉发育

提供有益于视知觉发展的玩具

· 在孩子5岁以前，初期的视知觉已经发展完成

· 在学前阶段，父母及老师宜多提供有助于视知觉发展的玩具及游戏，如积木分类、卡片配对、拼图或仿画图形等，让孩子从游戏中获得良好的视知觉发展

养成正确的生活方式

· 孩子缺乏户外活动，过早或过多地看电视、玩电脑，缺乏储存视觉表象的机会，会影响视觉辨别能力的发展

· 要注意孩子的用眼卫生，不宜长时间遮挡孩子的眼睛，否则易导致视知觉发展不良

▲ 视知觉训练的主要注意事项

常见的视知觉训练活动

※ 学注视

适宜：3~8 个月

目标：学习视觉分辨，帮助宝宝聚合双眼视线

操作要点：

1. 将一些小件物品（如铃铛、小球、图片、玩具等）用绳子悬挂在宝宝上方约 30 厘米处。

2. 移动绳子上的物品，并轻声讲解它们的名称以及用途。

3. 物品要经常调整变换一下。

▲ 对初生儿进行视知觉训练

活动延伸：先让宝宝摸一摸物品，建立触觉印象，然后把物品放到宝宝眼前 30 厘米处，告诉宝宝物品名称，然后再放到宝宝手中，如此反复加深印象。

※ 安鼻子

适宜：2~5 岁

目标：提高孩子的观察能力和视觉记忆力

操作要点：

1. 把缺鼻子的头像放在离孩子 2 米左右的地方，给孩子留出观察鼻子位置的时间。

2. 蒙上孩子的眼睛，在他手里放支笔，让他凭着记忆去给远处的头像画上鼻子。

活动延伸：蒙上孩子的眼睛之后让他原地转几个圈，再让他去给头像画鼻子，看是否能准确完成。

※ 搭积木

适宜：8 个月至 4 岁

目标：学习视觉分辨，训练手眼协调能力

操作要点：

1. 在光线充足的地方放好适龄儿童用的积木。

2. 给孩子讲解积木的规则，或者按照图例做示范。

3. 孩子选好图案后开始搭建，也可以不用图例，让孩子自由搭建。

▲ 玩搭积木游戏

※ 接抛球

适宜： 3~6 岁

目标： 通过接抛球，锻炼手眼协调能力、视觉追踪能力和精细小肌肉动作能力

操作要点：

1. 准备好适合孩子手部大小的球，让孩子双脚分开保持身体平衡。

2. 双手同时向上抛，左手接右手或右手接左手的球，双脚不动。

▲ 接抛球

听知觉训练

听知觉训练的要点

听知觉训练不只是单纯地进行听觉训练，大多数情况下，听、说、读、写是一体的，也是互相结合促进的。

多读、多背、多记

·对于学龄期孩子来说，他们读书、背诵的过程就是一个听说结合、反复练习的过程

·在反复地听、说过程中，孩子的听觉、言语表达力会有所提高

为孩子创造交流的机会

·在日常生活中，如果需要传达某些信息，可把一些简单的事情交给孩子完成

·在孩子去做前，耐心告诉孩子该怎么说，然后让孩子在家长面前先演示一遍，能表达清楚之后，再让孩子去做，这样能增强他的勇气

有意让孩子复述说话内容

·日常生活中有很多机会可以和孩子进行练习，如果你发现孩子听觉记忆力差，总是记不住别人说的话，听完就忘，那就需要进行针对性的训练，加强他的有意注意（有意注意又叫随意注意，是人所特有的一种心理现象，它是有目的、需要一定意志力的注意）

·如每天给孩子讲一个简短的故事，然后让他试着复述故事的内容，或者让他把喜欢看的动画片复述给你听。对孩子要有耐心，不可急躁，注意循序渐进

为孩子创造交流的机会

·及时地表扬，可以增强孩子的勇气，给孩子树立自信，也能让听觉和口头表达能力得到锻炼

▲ 听知觉训练的要点

❧ 听知觉训练的方法

听知觉主要包括专注力、分辨力、记忆力、理解力、排序力以及听说动作的综合能力等能力。听知觉的训练方法主要从以下几个方面进行：

听知觉辨别力训练	·通过分辨声音的高低、大小，不同的音色，辨别声源的方向，分辨相近的声音等活动来增强儿童的听觉分辨力 ·辨别声音：要求孩子闭上眼睛判断声源的远近，以及音量大小，音调高低 ·搜索声音：把一个能发声的玩具藏起来，让孩子根据声音寻找该物体 ·追踪声音：蒙上孩子的眼睛，让孩子追踪移动的声源
听知觉记忆力训练	·语句仿说：选择一些孩子感兴趣、难度不同的语句让其仿说，以此来提高孩子的听觉记忆力 ·即时仿说：即时仿说就是孩子听完材料后让他立即复述 ·延时仿说：指定信息让孩子回忆并进行准确复述
听知觉排序力训练	·利用材料内容进行排序：使用先、后、再之类的词，练习一些简单的序列句子。如：我先洗手，后吃饭 ·数字训练：利用顺背、倒背数字的方法进行训练，如家长说出1、2、3等一串数字，要求孩子先复述一遍，然后以相反的顺序说3、2、1。需要注意语速，也要注意循序渐进 ·背诵：是锻炼听知觉的传统方法，边念边背，听觉的排序力、记忆力、理解力都会有所提高 ·故事接龙训练：可以从短句开始练习。家长和孩子可以互动，如：我（家长说）——我有（孩子说）——我有一个（家长说）——我有一个苹果（孩子说）
听知觉理解能力训练	·学会倾听：通过一些方法来激发孩子的倾听兴趣。例如改变声音的大小、速度等。要求孩子闭上眼睛判断声源的远近以及音量的大小 ·配合画画和动作：对相关内容配以实物、表情、图片或者做一些动作，让声音更有意义，方便理解 ·充实孩子的词汇：词汇越多，听觉理解力也会提高

听说结合能力训练	·听、说、读、写是一体的过程，相互促进。听与说的结合需要孩子对听到的词汇进行联想、推理、判断，然后再表达出来，所以听说结合能力是听知觉训练的重要内容 ·通过训练列举词义相近的词汇、将句子补充完整、通过想象对故事的结局进行改写等形式，来训练孩子这方面的能力

▲ 听知觉训练的主要方法

✿ 听知觉训练注意事项

听知觉对孩子的语言和社交的发展有着重要的影响，是孩子有效听讲的基础。通过针对性训练，可以提升学习相关的听知觉功能，改善学习表现。在对孩子进行听知觉训练时，应注意以下几个方面。

根据实际发展水平制定训练目标

·判断孩子的听知觉发展水平，应该从孩子自身的纵向发展水平进行比较，而不是跟其他孩子进行横向比较

·每个孩子的训练环境、训练内容、接受程度是不同的，重视孩子各方面条件的差异，才能制定出合理的训练目标，帮助孩子在听知觉上取得进步

注意提供丰富的声音素材和情感反馈

·训练中所提供的声音素材应富于变化，如尖细和低沉的声音、高低起伏的语调变化、不同的语气等

·当孩子对家长所提出的语言要求做出正确的反馈时，家长应立即给予积极肯定的回馈，可以拥抱、微笑、亲吻或进行语言的赞叹；如果孩子做出错误反应，先不要训斥，可以通过表情和语言让他懂得这个做法是错的

听觉训练应与语言训练结合

·听觉训练往往不能单独进行，最好的方式是听觉和语言内容进行融合

·听和说应该一起进行，对听觉和语言的发展有好处

训练应从孩子熟悉的内容入手

·听知觉训练从孩子熟悉的内容入手会相对容易

·可以选择孩子熟悉的词语或他感兴趣的事物等，如孩子喜欢音乐，可以让他听不同乐器的声音

灵活调整训练阶段

·听知觉训练阶段没有明确的界线，训练内容的选择应根据孩子的听知觉发展水平进行

·训练并不是只能用一种方法，或一种方法训练完毕才能换另一种训练方法

▲ 听知觉训练的主要注意事项

〜 常见的听知觉训练活动

※ 拍手游戏

适宜：2~4 岁

目标：提高儿童的反应能力和听知觉

操作要点：

1. 家长和孩子面对面坐好，家长与孩子约定好规则。

2. 当家长说"1"的时候，孩子需要拍一下回应，以此类推。当家长说"轻轻拍"，孩子就要控制手掌做比较轻的拍手；当家长说"重重拍"，孩子就要拍出比较大的声音。鼓励孩子体会轻拍和重拍发出的不同声音。

▲ 拍手游戏

※ 辨字词

适宜：3~6 岁

目标：通过辨别"同音不同声调"的字，提高儿童的听觉辨别力

操作要点：

1. 选择孩子熟悉的"同音不同声调"的字，让孩子做分辨声调的练习，注

意听其中是否有误。

2. 当孩子完成任务、取得进步时，家长应给予鼓励，增强孩子的自信。

▲ 辨字词

※ 谁在说话

适宜：2~4 岁

目标：改善听觉辨别力和听知觉能力

操作要点：

1. 预先录下孩子熟悉的语音，包括孩子自己的声音。

2. 把录音放给孩子听，看孩子是否能分辨出说话的人是谁，并鼓励他清楚地表达出谁在说话、说了什么；或者先让他找出自己的声音，讲出自己说了什么。

※ 辨动物

适宜：2~5 岁

目标：提高儿童的听觉辨别力

操作要点：

1. 通过看图片、影音资料及去动物园观察，认识动物及它们的叫声。

2. 让孩子闭上眼睛，把几种动物的叫声放给孩子听，让他分辨是哪种动物发出的声音，然后进行模仿，反复训练。

活动延伸：可以把各种情境的声音录下来让孩子分辨，例如关门声、下雨声、翻书声，玻璃瓶碎了的声音等。

※ 悄悄话

适宜：4~6 岁

目标：提高听觉辨别力、听知觉能力

操作要点：

1.让小朋友按顺序坐在位置上，家长首先把一句话告诉第一个小朋友。

2.第一个小朋友按照要求将听到的话告诉第二个小朋友，以此类推。

3.可以引入竞争，看每个组是否与原话一致。

4.孩子比较多时，要注意秩序和集中孩子的注意力，并对获胜的小组给予表扬。

※ 成语接龙

适宜：4~6 岁

目标：提高儿童的应变能力，促进听知觉发展

操作要点：

1.适合平时有成语词汇积累的儿童。

2.家长说前两个字，孩子补充后两个字，反复进行。

3.如果孩子词汇量够，家长说出一个成语后，孩子可以接着说一个首字与上一个成语尾字相同的成语，首尾相接。

▲ 爸爸与孩子在玩成语接龙

第5章

感统训练与智力培养：
为儿童成长助力

感统训练的过程是与智力开发共同进行的。儿童的智力包括注意力、记忆力、语言能力、想象力、运动能力、思维力、观察力等。通过对这些能力进行针对性的感统训练，有助于提高儿童的整体素质。

儿童智力培养与感统训练

∾ 注意力训练

　　注意力是指人的心理活动指向和集中于某种事物的能力，是智力的五个基本因素之一，也是记忆力、观察力、想象力、思维力的前提和基础。有了注意力，人才能集中精力去感知周围的事物，深入地思考问题。如果没有注意力，人的观察、记忆、想象和思维等能力将失去控制。

智力的五个基本因素

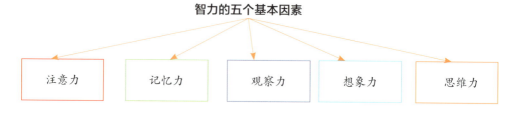

| 注意力 | 记忆力 | 观察力 | 想象力 | 思维力 |

衡量注意力的主要因素

　　衡量一个人的注意力可以从注意力的稳定性、注意力的广度、注意力的分配性和注意力的转移性等方面考虑。

注意力的稳定性
- 在某段时间内能否把精力集中于某个对象或活动上
- 如孩子边玩边写作业，注意力不在作业题目上，而是被其他东西吸引，同样的作业，注意力不集中的孩子往往需要花费更多的时间

注意力的广度
- 指对目标一瞬间内所感知到的信息范围的大小
- 一般孩子的注意范围比成人小，随着年龄增长，注意力的广度不断提高

| 注意力的分配性 | ·面对熟悉的目标时，注意力表现出可以同时关注多个目标，所谓一心二用
·如大多数人可以一边做饭一边听新闻，一边听课一边做笔记 |

| 注意力的转移性 | ·注意力能够迅速进行切换的能力，是思维灵活性的一种表现
·如学生每天要上不同的课，上语文课专心听讲，下节数学课继续听老师讲课，注意力很自然地进行切换 |

▲ 衡量注意力的主要因素

感统训练助手

　　根据儿童心理学专家的调查研究，注意力的集中程度在不同年龄发展会有不同的表现，注意力集中的时间也有着明显的差别。

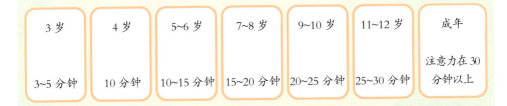

| 3 岁

3~5 分钟 | 4 岁

10 分钟 | 5~6 岁

10~15 分钟 | 7~8 岁

15~20 分钟 | 9~10 岁

20~25 分钟 | 11~12 岁

25~30 分钟 | 成年

注意力在 30 分钟以上 |

▲ 各年龄段注意力集中的时间差

注意力不集中的主要表现

　　注意力不集中就是人们通常所说的不专心，表现为无法将心思放在某一具体事物上，或无法将全部精力集中到某一事物上，同时无法抑制对无关事物的注意。这是孩子身上普遍存在的现象，也是让家长和老师最头疼的问题之一。注意力不集中主要表现在以下几个方面。

容易分心	学习困难	活动过多	冲动、任性	自控力差
不能认真听讲，容易被环境因素打扰，做事常有始无终	易走神，粗心大意、健忘、厌学	无法保持安静，好动、爱插嘴、经常无目的地乱闯乱跑，干扰他人的活动	情绪易变，常常不假思索就得出结论，行为不顾及后果	不遵守规章秩序，很难与别人进行良好的合作，容易与他人发生争执与冲突

▲ 注意力不集中的主要表现

感统训练助手

　　注意力出现障碍有着多种原因，家长的行为也会对孩子产生影响。家长可以观察自己或孩子是否有下列行为：

　　①家长教育态度是否存在明显分歧？

　　②是否过度娇惯孩子，使孩子缺乏行为规范？

　　③给孩子买的玩具或书籍是否太多了？

　　④孩子是否无法适应现在的生活节奏？

　　⑤家庭氛围是否太过吵闹，无法给孩子提供安静的环境？

　　⑥孩子对学习进度是否感到吃力？

　　⑦给孩子的批评是否太多，表扬是否太少？

　　⑧是否期望太高让孩子想逃避？

　　⑨孩子是否只是想得到家长更多的关注？

改善孩子注意力不集中的问题

　　想要改善孩子注意力不集中的问题，首先需要弄清楚孩子注意力无法集中的原因。

影响儿童注意力的主要因素

因素	影响	改善方式
生理原因	儿童阶段大脑发育还不完善，自制力差	随着年龄增长，绝大多数孩子能够做到集中注意力

续表

因素	影响	改善方式
病理原因	脑组织伤害，代谢异常，多动症	需要在专业医师的指导下进行治疗
饮食与环境	糖、咖啡因等物质会刺激孩子的情绪，环境污染导致血液中的铅含量过高	改变饮食习惯，注意环境变化
家庭因素	教养态度和生活习惯对孩子行为的影响	需要家长和孩子共同努力，打造安静的环境，培养孩子良好的生活习惯

观察儿童的日常行为，了解孩子注意力不集中的主要原因，客观分析，可从以下几个方面进行改善孩子注意力不集中的问题。

营造安静的环境

安静的环境有利于孩子专心学习，提高学习和思考的效率，所以父母应该为孩子营造安静的环境

良好的生活习惯

想要拥有良好的注意力，在生活上要养成良好的作息习惯，建立稳定的生物钟，让身体和精神做好集中注意力的准备

控制孩子的饮食

许多糖果、含咖啡因的饮料或掺有人工色素、添加剂、防腐剂的食物，会刺激孩子的情绪，应尽量让孩子少吃含糖类和添加剂的食品

培养意志力

通过培养孩子的自立能力和责任感，帮助孩子锻炼意志力，培养孩子养成有始有终、善始善终的做事习惯，及时给予孩子肯定和鼓励

▲ 改善孩子注意力不集中的方法

感统训练助手

针对孩子注意力不集中的情况，可以从以下几方面着手：

1. 清理"战场"。在孩子写作业之前，让桌面干干净净，除了书、本、笔之外，什么都没有。

2. 清除杂音。外面没有喧闹，电视、收音机声音调小，不要让孩子听到。

3. 要求孩子集中注意力5分钟，如果能做到坚持6分钟，就立即给予表扬。

4. 要求孩子学习的东西，应该尽量做到有趣味。

训练注意力的方法

注意力训练针对不同年龄段的儿童，方法各有不同，主要有以下几种类型：

对偶练习法
· 准备两种彼此相关的材料，分别记忆，让孩子根据一种资料回想相关的另一种资料

按次练习法
· 让孩子按次识记一些内容，然后用手挡住内容，把内容先露出一部分，每显露一部分，就让孩子回想下面接着的内容

间隔练习法
· 让孩子记忆一些资料，记完后先不让他回想，而是让他做一些其他的活动，然后再让孩子回想前面记忆的内容

数字练习法
· 记忆材料时用数字做辅助，通过对数字的回忆来加强对材料的回忆

频度练习法
· 重复向孩子出示一些资料，其中有一部分资料呈现多次，让他记住这些资料呈现的次数

注意力训练活动

※ 一起画游戏

适宜：2~5 岁

目标：先描后画，观察不同的线条，提高儿童的注意力

操作要点：

1. 家长准备一些半成品图画，先用深色粗笔把轮廓画出一部分。

2. 简单直线部分用浅色勾画，预留出来。

▲ 和孩子一起玩涂色

3. 孩子用深色粗笔描出预留的浅色线条。

活动延伸：由浅入深，可先从横竖直线开始。孩子从描样开始，熟练掌握后，改为临摹，难度可随孩子的年龄进行调整。

▲ 拼图游戏

※ 拼图游戏

适宜：2~6 岁

目标：提高孩子对形状的认知，提高注意力

操作要点：

1. 选择难度简单的拼图，以儿童喜欢的形象为主。

2. 可以对照完整形状进行拼搭，家长可以针对图块拼接处的特点进行指点。

活动延伸：提高拼图难度，块数越来越多，图形变得更加复杂。循序渐进，培养成就感，保持对拼图游戏的热情。

※ 戴帽子游戏

适宜：1~2 岁

目标：观察不同形状的瓶子，提高孩子的注意力

操作要点：

1. 家长准备好不同的塑料空瓶，盖子和瓶子分成两组放。

2. 讲解和示范配对方法，给瓶子找合适的盖子，"戴上正确的帽子"。

3. 瓶盖形状和大小要有明显的区别。

✎ 记忆力训练

记忆力是构成智力的重要因素，想要有超常的智慧，必须有超常的记忆力。

记忆力是识记、保持、再认识和重现客观事物所反映的内容和经验的能力。科学家认为记忆力可分为短期记忆力、中期记忆力和长期记忆力。

短期记忆力
大脑即时产生的生理生化反应的重复，是数量最多又最不牢固的记忆

中期记忆
不牢固的细胞结构改变，只有日积月累反复巩固，才会变成长期记忆

长期记忆
能够保持几天到几年的记忆

▲ 记忆力的三种类型

记忆力发展的主要特点

英国思想家培根曾说过："一切知识不过是记忆。"记忆力是孩子学习的基础，是智力开发的必要条件。

学龄前儿童的记忆主要以形象记忆为主，他们对抽象性内容的记忆表现得比较迟钝，不过可以通过展示图画、卡片、实物，讲故事等手段，用重复的方式训练其记忆力，培养其记忆习惯。儿童记忆力发展主要有以下几个特点。

容易忘记
- 孩子的记忆力一般随着年龄增长而逐渐增强。1岁左右的孩子记忆的范围很小，开始只能认妈妈和其他一些亲人，之后才能认周围的一些事物，且保持记忆的时间很短

死记硬背
- 受知识和经验的限制，孩子很难理解事物之间的内在联系、逻辑规律，往往只能死记硬背

缺乏目的
- 学龄前孩子能记住的都是一些直观的、具体的、感兴趣的东西，要孩子将记忆专门作为有目的的活动相当困难

记忆不精确
- 孩子记忆的精确性随年龄增长而逐渐提高。年幼孩子的记忆大都不完整、容易混淆和被暗示

▲ 儿童记忆力发展的主要特点

提高记忆能力的主要方法

记忆，是学习的重要环节，是巩固知识的重要手段。对于孩子来说，拥有良好的记忆力可以为将来的学习打下重要基础。记忆力可以通过训练的方式提高，强化记忆需要一个由简到繁、从少到多、日积月累的过程。

背诵——记忆的根本
背诵不仅是一种有效的记忆方法，还可以培养和锻炼人的记忆能力。重复的刺激有助于条件反射的建立和强化。实践证明，人的记忆力和人的肌肉一样，只有锻炼才能增强。懒于记忆，从不背诵的人，记忆力不可能好

应用——记忆的动力
从记忆效率来看，由强到弱依次是"情感记忆 > 图像记忆 > 理解记忆 > 声音记忆 > 文字记忆"。在训练中，可以鼓励孩子运用多种感官参与记忆活动，在大脑中建立多方面的联系，从而加深记忆

兴趣——记忆的媒介
只有激发孩子的兴趣，大脑才会处于积极工作的状态，记忆力才能增强。对于要记的东西，应该设法让其变得有趣，吸引孩子的注意，才能达到训练效果

理解——记忆的基础
孩子的机械记忆要多于理解记忆，但理解记忆会记得更牢固。在训练中，家长要有意识地培养孩子的理解记忆能力

复习——记忆的保障
针对孩子记忆的特点，必要的重复和复习是不可缺少的

运动——记忆的发展
运动会促进新脑细胞的增长，从而增强记忆力

▲ 提高记忆力的主要方法

感统训练助手

对于孩子来说，哪些内容记起来会比较有趣又比较有意义呢？下面列举几个有意思的方式，仅供家长参考。

记人名。选取相关领域的人名，比如获得诺贝尔奖的中国人名字，让孩子看 3 分钟，然后擦掉，看孩子能记住几个。

记地名。每天对着地图讲一个省、市名称，几个重要的地名，可以串联几个故事，日积月累，孩子不但会记住方位，还会记住很多省、市、直辖市的名称和典故，丰富常识。

记植物的名字。可以对着图片或植物园里的实物给孩子讲植物的名字。

记忆力训练活动

※ 拍手游戏

适宜：3~6 岁

目标：培养模仿能力和提高记忆力

操作要点：

1. 让孩子先闭上眼睛，家长趁机拍几下手，问孩子拍了几下。

2. 孩子回答正确，则继续改变拍手次数，继续询问。

▲ 拍手游戏

活动延伸：拍手过程中可以增加停顿次数，询问孩子累计拍了多少次，让孩子重复拍手次数。

※ 画地图

适宜：5~6 岁

目标：学习认地图、画地图，培养儿童的观察力和记忆力

操作要点：

1. 去一个计划好的地方，家长给孩子介绍标志性建筑物，如车站、报刊亭、便利店位等。

2. 回家后，示范制作简单的地图，画出指出过的标志物的位置。

3. 再拿着标示好的地图去一次此地，让孩子指出标志物。

活动延伸：教会孩子画地图的简单要素，可以让孩子试着画家的地图。

※ 少了什么

适宜：3~6 岁

目标：通过观察和比较，提高记忆力

操作要点：

1. 家长在孩子面前摆放一些玩具。

2. 几分钟以后，让孩子闭上眼睛，家长取走其中几样玩具。

3. 让孩子回想，这些玩具里缺少了几种，分别是什么。

活动延伸：可以增加物品的数量和种类。

※ 我爱画画

适宜：3~6 岁

目标：学习绘画，提高观察力、记忆力

操作要点：

1. 每次外出回家，要求孩子把看到的、有兴趣的内容通过画的形式记录下来。

2. 为了画得更轻松，孩子会在下一次外出时格外注意那些引起自己注意的事物。

3. 每隔一段时间，和孩子共同欣赏画册，询问他是否还记得所画的内容以及细节。

活动延伸：将画装订成册，对颜色、画法、细节不断总结，对记忆里有兴趣的东西反复回忆。

▲ 我爱画画

语言能力训练

叶圣陶先生曾经说过："儿童时期如果不进行说话的训练，真是遗弃了一个最宝贵的钥匙，若讲弊病，充其量将使学校里种种的教科书与教师的教育全然无效，终生不会有完整的思想和浓厚的感情。"可见，语言能力是多么的重要。

语言能力是指儿童运用一定的语言内容、形式，表达个人观点、倾诉个人情感的能力。这是儿童社会化、个性化发展的重要标志。

影响语言能力发展的主要因素

3~6岁是儿童语言发展的黄金时期，这个阶段的孩子，其语言能力将获得质的突破与飞跃，不仅词汇量迅速增加，而且学会的句型更复杂，对含义理解更深刻。

训练儿童语言能力的方法

语言是孩子智力发展的基础。家长应该注意有意识地多给孩子说话的机会，培养孩子的语言能力。

▲ 训练儿童语言能力的主要方法

培养儿童语言能力的做法

　　每个孩子都有不同的性格，有的沉默安静，有的活泼好动，但性格和语言表达能力无关。当孩子需要表达时，要具有表达自己想法的能力。在孩子的成长环境中，家长能言传身教、寓教于乐，对孩子的成长无疑有很大的帮助。

1. 孩子的"童言童语"是很可爱的，但家长不要过于模仿，如"好好玩""洗手手"。如果孩子说"吃糖糖"，家长要立刻纠正为"我要吃糖"

2. 要引导孩子准确地组织语言，口齿要清楚，用词要准确，句子要完整，不要用方言

1. 家长本身语言丰富，会让孩子乐于模仿，如很有想象力的比喻、非常丰富的词汇，都会让孩子慢慢养成同样的语言习惯

2. 如果家长无能为力，那就提供最好的示范给孩子——优秀的文章、书籍

3. 善用影像设备。一些视听材料也是孩子的"语言老师"，鼓励孩子复述故事，讲给小伙伴和家长听

▲ 培养儿童语言能力的做法

∾ 语言能力训练活动

※ 像什么

　　适宜：2~6 岁

　　目标：修辞手法的学习，有助于提高词汇量，锻炼想象力，培养语言表达能力

　　操作要点：

　　1. 启发儿童使用比喻的方式表达。

　　2. 启发儿童使用不同的表达方法，用词丰富，家长也可以有意识地选择一些形象的词汇教给孩子。

　　活动延伸：背诵优美的诗词篇章，活学活用，多积累。

※ 随口说

适宜：2~6 岁

目标：鼓励儿童多说话、敢说话，提高表达能力

操作要点：

1.出去游玩时，让孩子把他感兴趣的东西讲出来。

2.仔细聆听孩子的表达，可以用提问的方式让孩子讲得更多，思考更多。

※ 讲故事

适宜：2~6 岁

目标：看图说话、复述、讲故事，提高语言表达能力，增强记忆力和理解力

操作要点：

1.先从看图说话开始，先选择内容非常简单的图片。

2.家长可以做示范，根据图片讲述内容。

3.拿出孩子平时喜欢的图片，请他讲一个故事和家长作为交换。

活动延伸：提高图片的复杂程度。让孩子复述故事，背诵故事。随着词汇量增加，孩子的语言能力会逐步增强。

▲ 讲故事

▲ 角色扮演

※ **角色扮演**

适宜：3~6 岁

目标：鼓励儿童多说话、敢说话，提高想象力和语言表达能力

操作要点：

1. 借助玩偶或其他道具，扮演其中的角色。

2. 引导孩子说出符合扮演角色的台词，或想象发生在角色身上的故事。

～ 观察力训练

在日常生活中，家长经常会被孩子各种各样奇怪的问题问得答不上来。孩子不断地提出问题，其实是观察力在发展的一种表现。观察力是感知能力的一种，通过眼、耳、鼻、舌等感觉器官，准确、全面、深入地感知事物特征的能力。它是在综合视觉能力、听觉能力、触觉和嗅觉能力、方位和距离知觉能力、图形辨别能力等多种能力的基础上发展起来的。观察力可以说是"思维的知觉"，是感知发展的最高形式。

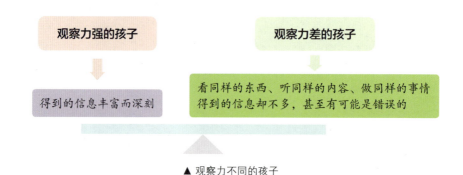

▲ 观察力不同的孩子

儿童观察力发展的特点

不同年龄阶段的孩子，其观察力的发展水平不同，受心理、生理特点的制约，孩子的观察力具有以下几个特点：

▲ 儿童观察力发展的特点

提高儿童观察力的方法

"孩子的眼光"很有特点，也很有趣，如孩子画衣服，总喜欢把扣子画得特别大，却忽视口袋、领子的比例或完全没有比例；当看到大人给花浇水时，他们也学着浇水，但他们只注意到需要浇水，却不知要浇多少水。这是孩子观察力不够成熟的体现，观察得比较笼统，缺乏目的性，常常忽视细节或特别重视某一个细节。

在 0~6 岁时期，父母有意识地对孩子的观察力进行训练，可以为孩子的智力发展奠定良好的基础，因此科学地进行相关的观察力训练是非常重要的。

培养孩子的观察兴趣

· 孩子受心理、生理的制约，在观察事物时无法长时间集中注意力

· 想要培养孩子的观察力，可以选择一些他们感兴趣或在某一方面有显著特点的观察对象

明确观察目的，正确描述观察内容

· 没有目的的观察，对孩子的感知不会产生任何刺激

· 针对孩子在观察时缺乏稳定性，可给孩子布置具体的观察目标，任务描述得越具体，效果越好

让孩子掌握正确的观察方法

· 教孩子学会简单的观察方法
正确的观察方法，可以提高孩子对学习的兴趣、激发他们的求知欲。
顺序法：按一定顺序观察，如由远及近、先整体后局部、从上到下等
比较法：找出事物的异同点，让孩子独立思考、判断，从而相对深入地认识事物
表达法：孩子观察后，在家长的引导下，通过讲述、绘画等方式表达观察的情况和感受

· 充分调动多种感官
不仅是视觉，听觉、味觉、触觉、嗅觉也要参与观察，便于形成深刻印象

· 引导孩子参加各种实践活动
在活动中进行操作，可以直接观察事物的变化，认识到各种事物的性能

· 发挥孩子的多种语言功能，加强参与度
多种语言指说、写、画、唱、跳等，利用孩子已有的知识经验，记录观察行为和结果

· 引导孩子找出规律
孩子的观察力缺乏针对性和概括性，可从日常生活入手，如按大小顺序排列物品

▲ 提高孩子观察力的主要方法

✍ 观察力训练活动

※ 发芽日记

适宜：5~6 岁

目标：带着目的进行观察，提高观察力

操作要点：

1.选择合适的种子，家长和孩子一起把种子埋到花盆里，或放到透明水瓶里。

2.督促孩子每天浇水或帮助植物增加日晒时间，养成每日观察的习惯。

3.等待种子发芽，记录过程，口述或用笔画下来。

4.牢记观察目的，持之以恒，培养孩子的耐心和细心。

活动延伸：同时培育不同类型的植物，比较种子的不同和发芽以后的不同。

▲ 培养孩子的观察力

※ 找不同

适宜：5~6 岁

目标：对同类事物进行比较，找出异同，学会分析、归纳，提高儿童观察力

操作要点：

1. 准备两幅相似的画，色调和内容要相似。

2. 给孩子一定的观察时间，比较两幅画的异同，指出并讲述区别在哪儿。

活动延伸：比较相似度较高的其他物体。

※ **小翻译**

适宜：3~6 岁

目标：提高孩子的想象力、观察力、记忆力、语言表达能力

操作要点：

1. 带孩子认识常用物品，或当孩子看到某一物品，就告诉他物品的名称、用途、材质等，尽量多角度地去描述这个物品。

2. 经过一段时间的积累，家长反过来请教孩子，物体的名称、用途是什么，以及有什么特征等。

3. 如果孩子带着想象力描述关于这些物体的故事，要鼓励孩子；引导孩子去注意那些被忽略了的方面。

运动能力训练

儿童运动能力的发展分为两个部分：一是精细运动，也叫小肌肉运动或随意运动；二是躯体运动，也叫大肌肉运动，主要负责控制身体。新生儿出生后就具备了较强的运动能力。

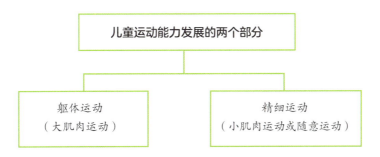

儿童精细运动能力的发展

精细动作能力指个体主要凭借手以及手指等部位的小肌肉或小肌肉群，在

感知觉、注意力等多方面心理活动的配合下完成特定任务的能力。精细动作能力是进行日常活动的重要基础，也是测量智力发展状况的一个指标，可以通过手部精细运动来促进智力的发展。

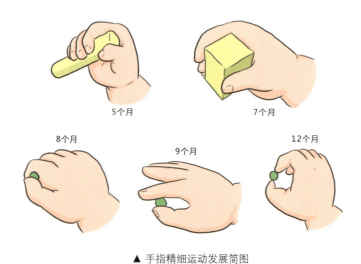

▲ 手指精细运动发展简图

1.4 岁以前儿童精细动作发展变化

3 岁以前是儿童精细运动发育极为迅速的时期，动手操作能力和手眼协调能力很关键。以下特征可作为儿童精细动作发育的参考：

3~4 个月：握持反射消失，出现无意识抓握，标志着手的动作开始发育

4~6 个月：换手拿玩具，随意抓握，手眼协调，手动作发展的重大飞跃

7~8 个月：攥拳挤捏手里的物品，前臂旋转运动能力发育

9~10 个月：拇指钳夹小物体，扔玩具、撕纸、用手抓东西吃

12~15 个月：翻书、用勺、乱画、拍手、敲积木

18~24 个月：搭积木 2~4 块、画线、脱袜子

2~3 岁：用筷子进食，用杯子喝水，自己洗手，用剪刀剪纸

3~4 岁：穿衣、扣纽扣、脱鞋、穿鞋、给物品分类

手的基本动作：

非抓握动作	·悬浮、约束、钩状抓握、推、压、触

抓握动作	·球形抓握、柱状抓握、拉、指尖摆、指腹摆、侧摆、三指摆

2. 5~6 岁儿童精细动作发展变化

5~6 岁儿童应该学会的基本精细动作：

握笔 ➡ 用剪刀 ➡ 按扣子 ➡ 拉拉链、系鞋带 ➡ 拍球、接球

儿童手部精细运动训练要点：

手部力量训练	手部灵活性训练	手部稳定性训练	双手协调性训练
·手腕训练：握、舀、敲、拍 ·手指训练：戳、扣、拔、插、按	·手腕训练：拍、倒、抖、泼、摇 ·手指训练：捏、拧、撕、按、拔、抓	·搭积木、多米诺骨牌等，学会用手去稳定地控制物体	·通过穿珠、穿线板、滚球、套环、插锁眼等进行训练

儿童躯体运动能力的发展

躯体运动也叫大肌肉运动，是身体大肌肉群及四肢的活动。大运动包括头的控制、坐、翻身、爬、站、走、蹲、跑、跳等。

对于成长期的儿童来说，大肌肉正处在生长发育期，进行躯体运动能促进

肌肉的生长发育，也能在运动中培养独立性、自主性和创造性，对性格和心理发展有好处。

▲ 0~15个月儿童躯体运动的主要发展特征

1. 了解婴幼儿时期躯体运动的发展规律

（1）由上至下

抬头　翻身　坐　爬　站　走

（2）由近至远

肩　臂　肘　腕　手指

（3）由泛化到集中

由不协调到协调，手舞足蹈　视物伸臂　伸手抓物

（4）正向动作先于反向动作

| 先抓后放 | 先站后坐 | 先走后退 |

2. 适合儿童躯体运动的项目

短跑
- 短跑有利于生长发育，孩子的体重、身高都会增长
- 孩子身体尚未成熟，不适合长跑，负荷适当，控制强度，量力而行

立正
- 矫正"O"形腿和"X"形腿
- 每天进行两次或者两次以上的训练，每次坚持20分钟

打乒乓球
- 提高眼睛的神经功能，消除疲劳
- 预防近视

弹跳运动
- 有氧运动利于健脑，如跳绳、踢毽子、跳舞
- 腰部、腿部、关节、大脑皮层得到整体协调锻炼

游泳
- 丰富触觉，锻炼心肺功能
- 促进生长发育、增强新陈代谢；促进呼吸肌的发育，增加肺活量，提高呼吸功能

提升儿童运动能力的方法

对于周岁以内的孩子来说，生活中有很多互动行为能够帮助他们的大肌肉发育，发展他们的运动能力。

训练"趴"的姿势
"趴"的姿势让孩子更有安全感，是一种最自然的自我保护姿势。趴的姿势能够加强孩子的颈部、手臂和肩膀的肌肉力量。随着孩子长大，可以逐渐延长趴着的时间，肌肉力量也会逐渐增强

鼓励探索
提供玩具，让孩子通过肌肉协调完成抓、推、拉等动作。当孩子站起来或坐着时，可以给他玩具，让他独自研究，有利于锻炼解决问题的能力

建立运动环境

在孩子成长的不同阶段，可以适当地改变家庭环境，如定做一些垫子，或高低不同的立方体，帮助孩子攀爬、走路等，让孩子体会运动和探索的乐趣

精细动作练习

当孩子表现出想要做什么动作时，应该给他机会，这是独立意识的体验。如一周岁以后，孩子很好动，如果他主动伸手去拿、去摸，在安全的前提下，尽量不要阻止

▲ 提升孩子运动能力的方法

感统训练助手

对于 2~7 岁的孩子来说，随着运动能力的发展，大脑也得到了最好的发展条件，如何提升这个阶段的孩子的运动能力呢？

1. 培养参加活动的兴趣

兴趣是最好的老师，也是产生好的运动效果的条件。

2. 对运动有正确的认识

正确认识 2~7 岁孩子的运动

分类	内容
正确的观念	不生病≠运动体能好
合理的运动量	需要考虑的因素：年龄、身体素质、循序渐进
适宜的项目	以身体练习为主：与爬、跑、跳、投相关的项目，如拍球、跳绳、骑车、游泳等
运动游戏化	保持孩子的兴趣，也可选择到大型游乐园
运动生活化	小肌肉精细动作适宜在日常生活中进行
正面鼓励	不要勉强，多加肯定，扬长避短

3. 父母以身作则

父母是孩子的榜样，如果父母与孩子运动，孩子会受到影响，有尝试的意愿。父母要对此表示支持，带孩子共同运动。

4. 锻炼动手能力

给孩子使用剪刀、针线等的机会，让他自己制作简单的东西，对手眼协调能力的发展非常有帮助。

运动能力训练活动

※ 打开杯盖

适宜：1~2 岁

目标：通过拇指和食指练习，使手指更加灵活

操作要点：

1.准备带盖的杯子，教会孩子如何打开杯盖。

2.家长先示范，当孩子做对时要及时鼓励他。

※ 放进去，拿出来

适宜：1~2 岁

目标：通过手部运动，使手指更加灵活

操作要点：

1.家长准备一个"百宝箱"，箱子里放不同材质的物品。

2.让宝宝站在箱子旁边，把玩具一件一件取出再放进去。家长可以做示范，示范时要用语言提示"取出来"或"放进去"。

活动延伸：让孩子取出指定物品。

▲ 锻炼"放进去，拿出来"的动作

▲ 让孩子学会自己翻书

※ 翻书

适宜：1~3 岁

目标：练习手指精细运动

操作要点：

1. 选择适合孩子阅读的大开本的彩色图画书，教他学会翻书。

2. 家长边讲故事边翻书，让孩子模仿打开或合上书本的动作、翻书的动作。

※ 跳高

适宜：3~5 岁

目标：跳过 10~15 厘米左右的高度，跨越障碍物，提高运动协调能力

操作要点：

1. 用近似高度的纸盒作为障碍物。

2. 家长示范，先助跑，到障碍物前再用力跳起，最好把动作讲解得详细一些，有利于孩子的认知发展。

3. 如果孩子害怕，可以先练习平地跳跃，然后再使用障碍物。

※ 投掷

适宜：3~7 岁

目标：练习投掷，增强手臂力量，提高身体协调性

操作要点：

1. 家长自制合适重量的布袋，可填充沙子、大米、绿豆等，也可以用其他便于孩子抓握的物品代替。

2. 家长示范，胳膊屈肘，上举，用力向前甩动。

3. 对每次投出的最终落点做标记，可以让孩子对动作更了解。

※ 运球

适宜：3~6 岁或以上

目标：练习运球，锻炼手指灵活，培养专注的品质

操作要点：

1. 先用右手原地拍球 10 次，再用左手拍球 10 次。

2. 向前运球，左右手各 10 次。

3. 眼睛不看球，向各个方向运球。

活动延伸：沿着地面固定的几何图形运球，与朋友一起运球。

▲ 运球

✍ 想象力与创造力训练

想象力指的是人在已有形象的基础上，在头脑中创造出新形象的能力，它是右脑的主要功能。幼儿期是儿童想象力最丰富的时期，抓住这个时期对幼儿的想象力进行培养，对儿童以后的成长有重要意义。

创造力指的是产生新思想、创造新事物的能力，是进行创造性活动所必需的心理品质。创造力和智商有一定的关系，但不是绝对关系。也就是说，高智商的人不一定有很强的创造力，创造力强的人，至少要有中等以上的智商。

儿童想象力发展的主要特点

由于生活经验的积累和游戏活动的发展，孩子的想象力发展很快。孩子想象力的发展主要有以下几方面特点：

有意想象的出现	创造想象的出现	想象符合客观实际	想象力发展与其他能力的结合
· 孩子想象最初以无意想象为主，4~5岁时出现了有意想象，即带着一定的目的和一定范围的联想，边想边做，有一定的计划性，主题内容比较集中，不太会出现离主题太偏的情况	· 5~6岁的孩子，创造想象开始萌芽，主题明确，内容更丰富，联系性更强	· 孩子不断成长，想象的内容更客观，而且可以使用语言描述和分析所想象的事物，逻辑性有所增强	· 想象力的发展是长期的，与孩子的注意力、观察力、记忆力发展有很大关系

分不清现实和想象	缺乏细节和目的	内容不稳定
· 孩子常常把现实和想象相混淆，尤其3~4岁的孩子，言谈比较夸张，对感知的事物常以想象来补充，在他们的描述中，某些特征和情节往往有虚构的成分	· 孩子想象的内容细节特征并不完整，目的也不明确，他们满足于想象的过程，而没有追求最终结果的主观能动性	· 想象的主题并不确定，会随着行动发生改变，即使想象之前有了初步的目的，但结果往往不如人意

▲ 儿童想象力发展的主要特点

发展儿童想象力的方法

每个孩子都喜欢想象，都有想象美好事物的天赋。想象是孩子的天性，对这种天性，只保护还不行，更需要父母帮助孩子开发，加强想象力训练。

丰富孩子的表象
- 想象力的发展需要表象的积累，表象的积累需要大量的生活经验。亲近大自然是学龄前孩子丰富生活经验的主要途径，通过头脑中所积累的丰富表象，为想象力的发展打下基础

激发孩子想象的欲望
- 适宜的家庭环境，对孩子想象力的发展有促进作用。家长可以选择一些适合孩子阅读的书，给孩子描述故事里的情景，让孩子边听边想，鼓励孩子想象故事的发展和结局，这对孩子想象力的培养有帮助

引导合理的幻想
- 想象力发展需要表象的积累，表象的积累需要大量的生活经验。亲近大自然是学龄前孩子丰富生活经验的主要途径，通过头脑中所积累的丰富表象，为想象力的发展打下基础

把想象的内容说出来
- 适宜的家庭环境，对孩子想象力的发展有促进作用。家长可以选择一些适合孩子阅读的书，给孩子描述故事里的情景，让孩子边听边想，鼓励孩子想象故事的发展和结局，这对孩子想象力的培养有帮助

▲ 发展儿童想象力的主要方法

儿童创造力发展的特点

儿童期是创造力发展的初级阶段，在这个时期，有意识地去培养孩子的创造能力，对儿童大脑发育和成长起到重要的作用。0~6 岁儿童的创造力发展可以分为以下几个阶段。

0~3 岁
各种想法惊人，没目的，没限制，喜欢探索，不被成人控制

3~5 岁
开始带有目的的，有顺序，有活动操作要点，有逻辑性，寻求相似性和类比

5~6 岁
追求把想法变成现实的可行性，以创造活动来呈现自己的世界，但仅限于与自身相关的部分

▲ 0~6 岁儿童创造力发展的阶段特点

培养儿童创造力的方法

创造思维是衡量智力发展水平的重要标志，美国儿童教育专家托伦斯等发现，3 岁以内宝宝的创造思维还处在萌芽状态，3~5 岁属于儿童创造性能力的高速发展时期，5 岁以后有逐渐下降的趋势。如何在 3~5 岁期间培养儿童的创造力呢？

打好基础	丰富的生活素材	灵活运用各种方法
·身体运动的发展（尤其是精细动作的发展）、语言能力、理解能力的发展都为孩子创造力的发展打下了基础	·知识源于生活，孩子需要积累各种生活经验作为创造的素材，因此增长见闻、接触社会和走进大自然对孩子创造力的发展有重要作用	·家长可以针对日常生活中的现象提出问题，并鼓励孩子自己去寻找答案、验证答案；利用孩子爱玩的天性，设计一些游戏，启发孩子思考；如讲故事是一种培养创造性思维的好方式，鼓励孩子自己编写故事

▲ 培养孩子创造力的主要方法

感统训练助手

在孩子的成长过程中，家长的错误理念常常会带来意想不到的负面影响，以下方面需要家长加强注意。

1. 以成人的眼光贬低孩子的想象：在成人的眼里，孩子有些想法是非常可笑的，但家长应该保持倾听的态度，给予适当的鼓励和赞美

2. 尊重孩子的意愿和兴趣：家长的安排有时属于一厢情愿，孩子的兴趣和想法非常难得，家长应尽量以平等的态度和孩子协商日常生活的安排

3. 贬低性语言暗示：孩子的心灵非常敏感，一些"你真笨""说了你也不懂"之类的贬低性话语即使孩子听不懂，但他能感受得到其中的轻视情绪，长期下去，不利于孩子的成长和发育

4. 跟随孩子的成长：孩子在成长期的变化很大，教育方法和内容要随之进行相应的调整，为孩子创造性思维的发展奠定基础

想象力与创造力训练活动

※ 只有我知道的朋友

适宜：3~6 岁

目标：保护儿童的想象力

操作要点：

1. 对于孩子想象出来的朋友，家长无须过于担心，可以询问朋友的样子、喜好。

2. 如果这个朋友出现了不好的行为，家长也要及时指出。

3. 想象中的朋友是儿童缓解情绪的一种方法，也是创造性思维的体现，家长不必过于紧张。

※ 爱音乐

适宜：1~6 岁

目标：激发儿童的想象力、创造性

▲ 培养孩子对音乐的喜爱

▲ 涂鸦

操作要点：

1. 准备几种乐器，放音乐给孩子听。

2. 家长和孩子一起随着音乐跳舞，鼓励孩子用乐器演奏，让他自行发挥。

※ 涂鸦

适宜： 3~6 岁

目标： 培养儿童的想象力

操作要点：

1. 家长提供纸、笔、颜料等，鼓励孩子把想象的东西画出来。

2. 如果看不懂孩子的画，就请孩子讲一讲。

3. 孩子的想象力非常珍贵，家长应该尊重和爱护。

4. 想象力比绘画技巧重要，不要过早地让孩子遵守绘画的规则。

※ 创造性语句——假如

适宜： 3~6 岁

目标： 培养儿童的创造力和发散性思维能力

操作要点：

1. 设计创造性语句，与孩子进行对话，启发孩子思考。

2. 以"假如"为例，假如没有水了怎么办？假如小皮球是方形或者三角形的，可以吗？

活动延伸： 使用"比较""替代"之类能够启发孩子思考的词，引导孩子进行这方面的思考。

※ 创造情境——怎么办

适宜: 3~6 岁

目标: 培养儿童的创造力，丰富想象力

操作要点:

1. 创造情境，让孩子解决问题。

2. 以"怎么办"为例，如果饿了怎么办？如果玩具坏了怎么办？

※ 小工匠

适宜: 3~6 岁

目标: 培养儿童的创造力

操作要点:

1. 选择合适的可以自由拆卸安装的玩具，由孩子自己拆卸。

2. 观察孩子在拆卸过程中的状态，如果表现很专注，可以在之后延续此类游戏。

3. 家长可以对拆卸和组装提出建议，但不要插手。

4. 如果孩子能够拆装成功，家长应给予赞扬。

▲ 小工匠训练

∿ 理解力与思考力训练

理解力指的是对某个事物或事情的认识、认知的能力，分为三个层次，即是什么？怎么样？为什么？理解力是在儿童时期逐渐培养和发展起来的，它是孩子以后进行创造性劳动必须具备的心理条件和心理素质。

思考力指的是针对某一个或多个对象进行分析、综合、推理、判断等思维活动的能力。

理解和思考是左脑的功能。左脑具有语言功能，擅长逻辑推理，主要是储存人出生后所获取的信息、知识和语言，用语言来处理信息，把进入左脑内看到、听到、触到、嗅到及品尝到的信息转换成语言来传达。

如何提高儿童的理解力

随着孩子年龄的增长，理解能力也在不断地提高，如果孩子的理解能力确实偏低，可以从以下几个方面入手帮助孩子提高理解力。

> 1. 加强有效沟通：鼓励儿童与自己的小伙伴、老师、其他家庭成员进行交流，其他家庭成员主动交流，鼓励儿童多交流，从交流中发现问题，解决问题

> 2. 掌握基本常识：如果儿童经常表现出一些常识性错误，说明生活积累比较贫乏，需要家长传授一些基本常识，也需要孩子多接触社会，亲身体验各种生活

> 3. 多阅读：读书可以增加儿童的词汇量，提高语言表达能力，进而提高孩子的理解能力

> 4. 强化基本概念：给孩子创造学习的机会，加深对语言和某些基本概念的深刻理解，反复强化，提高儿童的理解力

> 5. 家长保持耐心：儿童需要表扬和支持，家长需要有耐心，培养孩子的自信心

6. 培养良好的学习习惯：家长引导孩子建立良好的生活和学习习惯，多写、多读、多说、多记，逐步提高孩子的表达能力和理解力

7. 给孩子创造机会：参与人际交往，增加与外界的沟通，准确地表达自己的想法，这些需要家长给孩子多创造一些机会来完成，这也是提高儿童理解能力的途径之一

如何培养儿童的思考力

优秀的思考能力需要训练和培养，家长如果事事代劳，往往会适得其反，扼杀孩子独立思考的能力。培养儿童的思考能力需要从以下几个方面入手。

鼓励和耐心
· 父母应鼓励孩子发表自己的见解，即使孩子讲错了，也要耐心听孩子说完，然后再给予适当的指导。对于孩子的正确意见，父母应该积极肯定和表扬，增加孩子主动表达的自信心

创造民主的氛围
· 为孩子提供宽松、自由的环境，鼓励孩子打破传统、大胆质疑、勤奋探索，压抑只会让孩子顺从，变得懦弱，走向相反的方向

培养独立思考的习惯
· 在日常生活中，面对一些问题，家长可以以平等的态度问孩子的想法，如"你会怎么办""你有什么好的办法吗"，多问几次，孩子就会慢慢养成遇事先思考的习惯

学会准确表述
· 准确表述，可以整理思路，让思维更加敏锐

▲ 培养孩子思考力的主要方法

🐍 理解力与思考力训练活动

※ 空中骑车

　　适宜：0~3 个月

　　目标：提高协调能力，增强理解力与思考力

　　操作要点：

　　1. 母亲用手抓住婴儿的双脚，轻轻推动，做骑车的动作。

　　2. 婴儿在这个时期头部转动自如，类似动作对开发左脑有帮助。

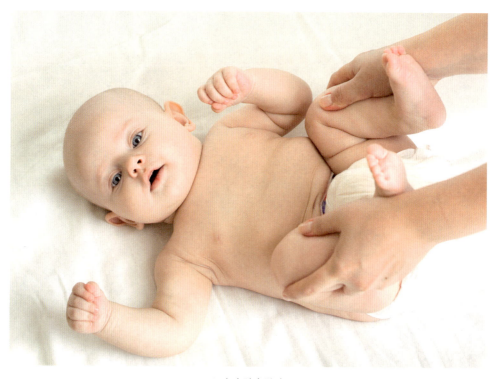

▲ 空中骑车游戏

※ 看图说话

　　适宜：1~2 岁

　　目标：提高思考力及语言理解能力

　　操作要点：

　　1. 选择适合儿童的绘本，引导儿童对着画面进行描述。

　　2. 家长主动说一些身边的事，创造良好的语言环境。

※ 五官游戏

适宜：3~7 岁

目标：强化左脑思考能力，建立理解和组织能力

操作要点：

1. 大人和孩子面对面坐着，大人分别去摸孩子的眼睛、鼻子、耳朵，要求孩子说出名称和作用。

2. 大人先示范，说出面部五官的名字，让孩子摸一摸，或者互相指出来。

3. 准备一些介绍面部五官的卡片，让孩子观察和理解更多的内容。

※ 里外上下

适宜：1~3 岁

目标：强化认知，培养理解思考能力

操作要点：

1. 准备一个足够大的纸箱子，让孩子分别坐进箱子里、站在箱子上，站到箱子外，向他说明里、外、上、下的关系。

2. 每次改变位置，需要用语言说明"我在箱子里""我在箱子上"等。

▲ 培养孩子的思考能力

特殊儿童的感觉统合训练

❦ 多动症儿童

儿童多动症又名注意缺陷多动障碍（ADHD），是儿童期常见的一类心理障碍，是以注意力不集中、注意时间短暂、多动、任性、冲动和学习障碍为主要表现的综合征。

多动症儿童在不同阶段的主要表现

阶段	表现
婴儿期（0~1岁）	多动症儿童出生后比普通孩子显得不安宁、过分哭闹和叫喊，易被激恼，母子关系不协调
幼儿期（2~3岁）	真正患有多动症的儿童一半以上会在这个年龄段有明显表现，比如很难管教，睡眠不安、尿床、饮食差，很难培养排便和睡眠习惯
学龄前期（4~6岁）	表现越发明显，做事情注意力不集中或很容易分心，活动过多，无法静坐，爱发脾气，缺乏自控力，情绪不稳定，破坏性强，不爱惜东西，有攻击性、冲动性的行为，对动物残忍，经常和小朋友打闹
学龄期（7~12岁）	多动症的特征在这个年龄段充分表现出来：上课不专心、注意力容易分散、学习困难，不能完成作业；耐性很差，对刺激反应很强烈，冲动任性，情绪不稳，有攻击行为
中学时期（13~18岁）	活动可能没那么多，但是注意力依然难以集中，难以接受教育，缺乏自尊和动力，做事情不可靠，有攻击性、冲动性的行为，对刺激反应过强，情绪波动很大，说谎、逃学、容易惹祸或犯罪
成年时期	多动明显减少，注意力容易转移，冲动，容易与人争执、打斗，加入集体活动有困难，酗酒或嗜赌，无法胜任工作，缺乏理想，没有毅力，事业没进展

多动症的发病原因

多动症的发病机制目前还没有结论，当前认为是由多种因素相互作用所致。

遗传因素	·通过对家系研究（根据一个家系中某一种遗传病的发病情况，来分析判断该疾病的遗传方式、传递规律的方法）、双生子、寄养子的研究，发现遗传因素是多动症发病的重要因素，平均遗传度高达76%
环境因素	·与妊娠、分娩相关的危险因素，如吸烟、饮酒、早产等 ·儿童期罹患疾病，如脑膜炎、脑炎、头部损伤、癫痫等 ·营养不良、致敏反应、缺铁、铅中毒等
脑损伤、脑发育异常	·额叶发育异常、功能低下或者其他相关部位功能异常活跃，是导致发病的因素
神经递质	·大脑内神经化学递质失衡，但这个因素不能完全解释发病的机制
家庭、心理社会因素	·家庭破裂、教育方法不当、父母影响等，都有可能成为发作的诱因或无法根治的原因

▲ 多动症发病的主要原因

多动症儿童和其他儿童的情况比较

1. 与正常儿童的比较

正常儿童：
活泼好动是出于强烈的好奇心、上进心、兴趣和求知欲

多动症儿童：
1. 没目的、无始无终、多变
2. 不分场合、不计后果、无法自控
3. 不停规劝、屡教不改、容易犯同样的错误

2. 与学习能力障碍儿童的比较

学习能力障碍儿童：
1. 学习成绩不好是因为听说读写、推理计算方面存在缺陷
2. 缺乏理解能力，听不懂老师讲课

多动症儿童：
学习成绩不佳主要是注意力不集中、分心导致，成绩有波动

3. 与弱智儿童的区别

弱智儿童：
智商低下，成绩总是很差，社交和生活也存在缺陷

多动症儿童：
智商正常或略低，成绩波动大，年级升高，成绩逐渐下降

多动症儿童的训练原则

多动症儿童智商一般都是正常的或比正常的儿童略低，而且在运动、感知、认知、沟通方面的能力都比较好，但在学习、行为及情绪方面存在缺陷，所以常表现为注意力不集中、活动过多、易冲动等。

研究证明，感觉统合失调是儿童多动症发生的重要原因，感统训练对儿童多动症有一定的治疗效果。多动症儿童的感统训练主要有两个原则：

1. 训练项目应该选择以触觉、本体觉、前庭觉其一为基础，同时兼顾多个感觉的综合训练方式。

2. 训练活动要辅以复杂的认知和言语内容。

多动症儿童进行感统训练时应注意的问题

多动症的孩子在成长的路上会受到阻碍，应积极做好预防护理，及时进行相关的感统训练，这样才能帮孩子恢复正常，避免对他们的身体或心理产生不良影响。

良好的家庭氛围	训练应从实际情况出发	选择合适的训练项目	训练内容安排要合理	训练要注意趣味性
• 家长应正确看待孩子的问题，有个积极的心态 • 对于孩子的训练要多些耐心和理解，鼓励孩子	• 根据孩子的实际情况，设计相应的训练计划 • 不能以成人的标准来衡量，也不要总是和其他孩子进行比较	• 训练项目宜"动""静"相结合 • 静态训练游戏有拼图、接龙、平衡台接球、趴地推球、立定投篮等 • 动态训练游戏有跳床、滑板、滑梯、投掷等	• 安排训练内容应由少至多，由简单到复杂 • 根据孩子的状态，及时调整训练内容，提高孩子参与的兴趣	• 训练应以孩子感兴趣的项目为主 • 课堂式教育只会让孩子厌烦，达不到预期的效果

▲ 如何对多动症孩子进行感统训练

多动症儿童的感统训练活动

※ 滑板抛接球

适宜：3~6 岁

目标：培养孩子的平衡能力、注意力

操作要点：

1. 先教会儿童学会使用滑板，找到适合的姿势。

2. 多动症儿童可能需要多次更换姿势才能找到适合的姿势，当体位平衡掌握之后，坐稳时间延长了，就可以进行略带难度的游戏了。

3. 在滑板上保持平衡的孩子接到球以后能够马上抛给教练。

※ 平衡木训练

适宜：3~6 岁

目标：有助于本体感的建立和身体平衡能力的加强，同时兼顾前庭平衡的建立

▲ 练习走平衡木

操作要点：

1. 儿童站在平衡木（平衡台）上，抬头挺胸，双手平伸，双脚交替往前走。

2. 儿童在平衡木上拖步行走，即一只脚前进，另一只脚轻轻碰着地面拖动跟进。

3. 还可以高抬腿走、踮脚尖行走、跨大步行走；在平衡台上摇晃、双手拍球，维持平衡。

活动延伸：时刻关注儿童的速度和方向，注意做好保护措施。对于多动症儿童，在行进训练时可以进行提问，如提一些关于常识、成语、数学等方面的。操作不熟练的儿童，可以先在地面上进行，然后再去比较宽的平衡木上训练。

※ 乒乓球干扰游戏

适宜：3~6 岁

目标：培养孩子抗干扰的能力，改善儿童容易分心、注意力不集中的毛病

操作要点：

1. 要求孩子尽量保持乒乓球在球拍上的平衡。

2. 在这个过程中家长可增加干扰，与孩子形成对抗，如碰触他的身体，或跟他不断地说话，或打开电视增加噪音。

自闭症儿童

自闭症也叫孤独症，由于神经系统失调导致的发育障碍，表现为情感淡漠、语言表达困难、缺乏社交能力和沟通能力，兴趣范围狭窄、行为重复刻板，一般在 3 岁以前就会表现出来。

自闭症产生的主要原因

1. 遗传因素

调查表明，20% 的自闭症患者，家族内会找到类似智能不足、语言发展迟缓或类似自闭症的成员。

2. 孕期感染

妇女怀孕期间因为受麻疹或感冒等病毒感染，使胎儿脑部发育受损。

3. 大脑损伤

早产、难产、新生儿脑伤，或者婴儿感染脑膜炎等因素，都会增加患自闭症的可能性。

自闭症的主要表现

1. 语言障碍

语言与交流障碍是自闭症最明显的症状。大多数患儿语言发育延迟，两三岁仍然不会说话，甚至出现会说话之后不再说话，他们对语言的感受和运用存在明显的障碍。

2. 社会交往障碍

自闭症儿童的表情很贫乏，目光不和人对视，对拥抱、爱抚没有表现出愉快的表情。对父母没有依恋的表现，不喜欢和人玩耍，宁愿独处。

3. 兴趣范围狭窄、行为模式刻板

认识不到玩具的整体性，只对其中某个零件感兴趣。对非玩具物品感兴趣，如转动的电风扇，可以长时间观察而不厌倦。日常生活坚持固定的程序，如严格的作息时间、出门的路线。如果这些活动被打断或者改变，就会产生焦虑。有的儿童会重复地做某一个固定的动作，如转圈、跺脚等。

4. 智能障碍

自闭症儿童的智力发展水平不均衡，大多数有不同程度的智力障碍，少数在正常水平。国内外研究自闭症儿童的智力分布情况如下：

自闭症儿童的感统问题

很多自闭症儿童在视觉、听觉、触觉、前庭平衡觉等方面存在不同程度的功能失调。具体表现在：

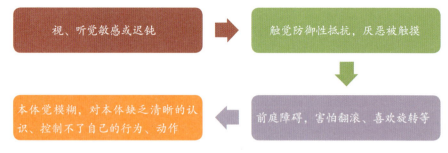

▲ 自闭症儿童感统出现问题的主要表现

感统训练对自闭症儿童的主要影响

感统训练可以促进大脑功能的改善，对增强自闭症孩子的身体意识、感知觉发展、运动能力和语言能力等均有较好的疗效，为复杂的学习和社交能力的发生、发展创造前提条件。

促进触觉系统正常化	·通过抚摸、挠痒痒、玩大笼球、包裹身体等游戏，增强触觉识别能力，稳定情绪、缓解紧张感
加强自我调节能力	·通过滑滑板、荡秋千等游戏，加强对自我身体的认识，保持身体控制，提高空间知觉能力、协调性和平衡能力
语言和社交能力	·通过蹦床、跳跃等游戏，营造良好的互动环境，加强互相协作能力
提高生活自理能力	·培养孩子自己吃饭、穿衣的习惯，由于自闭症孩子行为刻板，一旦帮他养成好的生活习惯，孩子很容易坚持不变 ·教孩子生活常识，如学会排队等候、看交通指示灯、辨别公共场所的各种标识等

▲ 感统训练对自闭症儿童的主要影响

感 统 训 练 助 手

　　对自闭症儿童的感统训练，父母有时存在教育误区，他们急切地想让孩子好好说话，于是通过暴力和惩罚等不正确的方式，试图强迫孩子开口说话，或者整天在孩子的耳边不断地重复一句话、一个词。

　　这样的方法不但毫无作用，而且还适得其反。自闭症儿童不能正常和人沟通，并不是出于他的本意，而是他根本无法理解这个世界，他看到的世界和正常人的世界并不一样。

　　克服语言障碍不能操之过急。通过一些互动游戏，想办法让孩子接触世界、认识世界，从训练呼吸、发声到语言训练，最终改善孩子的交流和理解能力。

　　另外，对待自闭症儿童不可以盲目使用药物。

自闭症儿童的训练方法

自闭症儿童常常被称为"星星的孩子"，一人一个世界，孤独地闪烁着。他们无法依赖本能与情感，只能以还不成熟的逻辑思维来思考，家长如果对此有所了解，就可以利用简单的游戏和活动，让他学会如何控制和使用自己的身体，当他能够控制好自己的身体，就要引导他学习如何控制感情，让他逐渐明白如何处理人际关系。

| 提供孩子爱看的书籍，丰富他的知识和兴趣 | 支持孩子学数学、逻辑、科学概念和做实验，帮助孩子用自己的方式去认识世界 | 给孩子提供搭建和拆除类的玩具，如积木、乐高玩具等（避免黏土和拼图类玩具，这只会让他感到混乱和沮丧） |

▲ 自闭症儿童的主要训练方法

～ 自闭症儿童的感统训练活动

※ 来，接球

适宜： 2~6 岁

目标： 训练手臂的运动能力，提高儿童的注意力、专注力

操作要点：

1. 家长和孩子面对面坐着，先把球直接放到孩子手中。

2. 家长把球推向孩子，鼓励孩子伸出手接球。

▲ 母子在玩球

3.如果孩子能主动把球给家长，家长要给出反应，对孩子说"谢谢"。

4.熟练后，可慢慢变成投球、扔球。

5.如果孩子始终没有接球、给球的反应，可以让其他人给予孩子帮助，直到他学会接和给的动作。

※ 爬隧道

适宜：3~6 岁

目标：调节前庭感觉系统，加强肌肤的接触刺激

操作要点：

1.先认识隧道，通过触摸和摇晃感受隧道，观察其他孩子的动作，消除孩子的恐惧感。

2.让孩子缓慢前进，从隧道中爬行通过。

3.可以通过食物或其他方法引导，不能强迫。

▲ 孩子们在玩爬隧道游戏

※ 手撑地

适宜：3~6 岁

目标：调节上肢力量，有助于孩子开口说话

操作要点：

1. 家长抬起孩子的腿，孩子用手撑地，并且保持抬头姿势。

2. 等孩子适应后，可以延长时间。

3. 抬头动作对前庭发展有帮助，有助于孩子的语言发展。

智力低下儿童

智力低下（MR）是发育期内（18 岁以内）一般智力功能明显低于同龄水平，同时伴有适应行为缺陷的一种疾病。

智力低下儿童的发病原因

绝大多数孩子是因为大脑在发育过程中受到各种不利因素的作用，使大脑的发育达不到应有的水平，最终影响了智力。少数孩子是因为教养失当、家庭结构不完整、父母有心理障碍等因素，造成后天的刺激不足，没有学习的机会，从而影响了智力水平。具体来说，智力低下的因素有以下几种：

产前因素	围产期因素	产后因素
· 先天遗传染色体异常 · 先天代谢异常 · 大脑发育疾病 · 母体因素：孕期营养不足、酗酒、吸毒、吸烟，药物、病毒（如风疹等）、放射线、情绪	· 母亲低血糖、高血压、贫血、糖尿病等造成的慢性胎盘功能不足 · 早产、低体重、胎位不正或其他意外产伤 · 新生儿疾病：颅内出血、脑膜炎等	· 头部伤害、高热惊厥、中毒、营养不良、癫痫等

智力低下儿童的分类以及表现

智力低下儿童普遍存在感觉统合能力发展不足的问题。在进行感统训练前，需要对智力低下儿童进行全面的测评，将儿童在不同发育阶段的生长发育指标与正常同龄儿童进行对照和比较，判断其智力水平和适应能力，做出临床判断，同时，配合适宜的智力测验方法，即可做出诊断并确定智力低下的严重程度。

一般依据 IQ 将智力低下分为轻度、中度、重度和极重度四级。对这类儿童，应该配合应用医学、社会、教育和职业训练等措施，按年龄大小和智力低下的严重程度对患者进行训练，使其达到尽可能高的智力水平，以下内容可供参考：

智力低下儿童分类外在表现以及训练预期情况概要

IQ 范围	智力低下级别	症状特征	训练可预期目标
50~70	轻度智力低下（愚笨）	发育较迟缓，不活泼、死板、动作粗暴、语言弱、分析差、能背诵不能活用，数学学习有困难；缺乏主见，依赖性强，易被影响和支配	能在指导下适应社会。可以做一般性家务劳动和简单具体的工作。可获得实践技巧和实用的阅读能力
35~49	中度智力低下（愚鲁）	发育迟缓，吐字不清，语言功能不全，只能进行简单具体地思维，缺乏抽象概念；对环境识别差，只能认识表面和片段的现象；阅读和计算没有进步的可能	经过长期训练可以进行简单的人际交流，养成基本的卫生习惯、安全习惯和学会简单的手工技巧
20~34	重度智力低下（痴愚）	各方面发育迟缓，表达能力极差，缺乏抽象概念，理解能力极差，动作笨拙，但有防卫能力，知道躲避明显的危险	可养成简单的生活和卫生习惯，生活需要照顾；在监督下可以做固定和简单的体力劳动
低于 20	极重度智力低下（痴呆）	没有理解能力，基本无意识，存在运动功能障碍，手脚不灵活，终生无法行走，或有癫痫和残疾，生活无法自理。常常早夭	对手脚进行技巧训练可以有反应

智力低下儿童的训练内容

智力低下的孩子在进行感统训练时应该选择操作难度低、心理压力小、安全性高的设备，然后逐步过渡到操作难度高、心理压力大的器材上训练。器材的选择，还要综合考虑孩子的障碍程度、性质、特点以及发育水平等。

生活自理能力训练	大运动训练	手部精细动作训练	语言能力训练
教会孩子自己吃饭、洗漱、大小便、穿脱衣服	教会孩子学会走路，如进行仰卧、抬头、坐、站、走、跑等训练	教会孩子画画、拼图、写字等	从听说读写四个方面入手：对语言器官进行锻炼，提高嘴唇、舌头的灵活性，引导其模仿口型；训练认知能力，听名字指图，或者指图说名字；认字，能读；听、说儿歌；听、讲故事

▲ 智力低下儿童的主要训练内容

智力低下儿童的感统训练活动

※ 蹦床游戏

适宜：3~5 岁

目标：提高感知水平及身体协调能力

操作要点：

1. 以坐姿上蹦床：孩子先坐在边缘，上肢向后支撑，身体后仰，然后转体带动下肢登上蹦床，接着反方向下蹦床。

▲ 蹦床游戏

2. 爬上蹦床：面向蹦床，跪在蹦床边缘，爬上蹦床。

3. 侧向上蹦床：跪撑在蹦床旁，单侧身体先上蹦床，带动另一侧爬上蹦床。

4. 背向上蹦床：背对蹦床，双手撑地，下肢先登上蹦床，然后反方向下蹦床。

5. 走着上蹦床：正常走、倒着走、侧着走上蹦床。

※ 球池游戏

适宜：1~3 岁

目标：提高感知水平及触觉能力

操作要点：

1. 帮助孩子进入海洋球池。

2. 给孩子做动作示范：下蹲站立，下蹲后跃起，下蹲后跃起并转体。

3. 熟悉后，可闭眼做下蹲站立跃起。

～ 学习障碍儿童

学习障碍（LD）又叫学习困难，指的是智力正常的儿童在获得和运用听、说、读、写、算和推理等能力上表现出明显困难，从而导致学业落后。一般被认为是中枢神经系统功能的失常。

学习障碍的主要原因

学习障碍的孩子一般没有智力缺陷，但成绩差，这种学习能力缺陷并不是由于不当教学导致的，它主要受以下因素影响。

生理因素

· 幼儿在胎儿期、出生时，由于某种病伤而造成轻度脑损伤或者脑功能障碍；受遗传因素的影响

心理因素

· 学习动力不足、情绪容易波动、有认知障碍、意志障碍等

环境因素

· 家庭关系紧张或父母长期不能陪伴，年幼时没有得到良好的教育等

▲ 学习障碍产生的主要原因

学习障碍的主要表现

学习障碍的儿童在学龄前就有一些特征，如在婴儿期好动、好哭、容易兴奋，不愿意被母亲抱着，喜欢自己玩，进入幼儿期以后语言发育比较晚、揪头发、咬指甲、攻击性比较强、语言理解和表达能力欠缺等。

儿童进入学龄期在一般认知和特殊学习机能方面表现有困难。

阅读障碍	·记忆困难，学过的字不能读写；拼音困难；阅读速度慢、逐字阅读，不爱朗读；同音字和形近字常常搞混
表达障碍	·开口说话迟，句子里缺少关键词，语调平淡，有类似口吃的表现，肢体语言偏多
视空间障碍	·顺序和左右认知障碍、计算时忘记进位或错位、数字记忆不良、方位确认障碍，抄错题、漏题等
精细动作障碍	·握笔困难、穿衣系扣子相关的手部动作表现笨拙
情绪和行为	·冲动、多动、注意力难以集中，人际关系不良、喜欢搞恶作剧，有品行方面的问题，有啃、咬指甲之类的强迫性行为

▲ 学习障碍的主要表现

家庭教育中应该注意的事项

学习困难的孩子智商一般都是正常的，甚至超越常人。但常人能轻松做到的事对于他们来说却很难，长此以往，会给孩子带来深深的挫败感，影响自信心。父母应该多给予理解和支持，在家庭教育中应注意：

1.认可并接受孩子的独特性　2.改变对学习困难的错误认识　3.改善不良的心理状态　4.尊重儿童的兴趣爱好

5.改变不当的教育方式　6.丰富家庭生活的内容和形式　7.善于进行家庭和学校的沟通

学习障碍儿童的训练方法

学习困难儿童的感统训练需要在常规训练中提高感知觉、动作、言语、认知多个方面整合的能力，训练主要有以下方法。

| 训练手眼协调能力 | ·进行剪纸、拍球、跳绳、打羽毛球、打乒乓球等训练
·将所学的知识渗透到训练活动中，比如猜谜语、说绕口令、背古诗词等 | 提高阅读能力 | ·分析文字的结构或把图像和文字结合起来，改变阅读的方式
·采用多种方式结合的办法，提高阅读能力 |

▲ 学习有障碍儿童的主要训练方法

∽ 脑瘫儿童

脑性瘫痪简称脑瘫（CP），指的是婴儿出生前到出生后 1 个月内发育期非进行性脑损伤综合征，主要表现为中枢性运动障碍及姿势异常。其他由脑瘫导致的障碍被称为伴发障碍，主要指健康和体力障碍、智力障碍、情绪以及行为障碍、学习障碍、癫痫、感觉障碍、语言障碍等。

脑瘫的发病原因

脑瘫越来越常见，让父母都担心不已，害怕自己的孩子会患有脑瘫。脑瘫是由出生前、出生时、出生后的某些原因造成的非进行性脑损伤所致的综合征，了解其病因，有助于减少脑瘫发生的概率。

出生前病因	围生期病因	出生后病因
·在胚胎期大脑发育畸形、先天性脑积水、母体病毒感染、放射线照射、中毒等	·情绪烦躁、容易被激恼 ·不能通过自我调节缓解不快	·人际交往出现问题 ·在学校常常很孤独，没有朋友

▲ 脑瘫发病的主要原因

0~9 个月脑瘫儿童早期障碍的表现

随着现代医疗技术的进步，早期发现和早期治疗是现代治疗脑瘫的主流。0~6 岁是人体重要的发育阶段，也是康复治疗的最佳时期，所以了解早期障碍表现有助于及早做出判断、及早就诊。

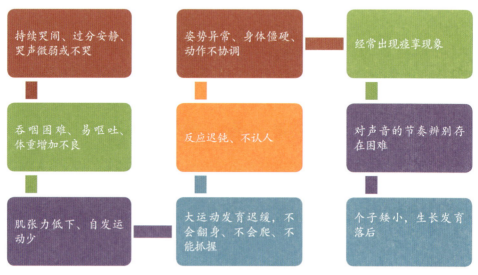

持续哭闹、过分安静、哭声微弱或不哭

姿势异常、身体僵硬、动作不协调

经常出现痉挛现象

吞咽困难、易呕吐、体重增加不良

反应迟钝、不认人

对声音的节奏辨别存在困难

肌张力低下、自发运动少

大运动发育迟缓，不会翻身、不会爬、不能抓握

个子矮小，生长发育落后

▲ 0~9 个月脑瘫儿童早期障碍的表现

脑瘫儿童的感统训练

脑瘫对孩子的生长发育有重大影响，也给家庭和社会带来沉重的负担。脑瘫孩子的脑部损伤是非进行性的，但如果对这类孩子没有进行过相关的训练和教育，就会继续恶化。

语言训练

有将近一半的脑瘫孩子存在语言障碍，如说话缓慢费力、发音不准、语调异常等

通过语言刺激训练，激发孩子对语言运用的兴趣和提高运用能力，满足日常生活和学习上的需要。家长在早期应该有意识地增加与孩子的语言互动，多加练习，鼓励孩子多表达

训练应从孩子熟悉的内容入手

脑瘫程度比较轻的孩子经过专门训练，大多可以达到一定程度的自理

可从这几个方面着手训练：手部训练→进食动作训练→独立穿、脱衣服训练→坐位平衡训练→站立及步行训练

灵活调整训练阶段

以前庭训练和本体训练为主

兼顾粗大动作、精细动作、肌力和耐力等训练

▲ 脑瘫儿童感统训练的主要内容

第6章

家庭中的感觉统合训练：
在摇篮中成长

感觉统合并不神秘，只要懂得感觉统合的理念，具备相关的操作知识，完全可以在家中利用一些常见的物品进行感统训练，许多游戏看起来很普通，但同样能达到很好的效果。

避免感觉统合训练的误区

感觉统合训练需要长期坚持，需要家长有耐心。在对孩子进行感统训练的过程中，若存在一些错误理念或想法，没有得到纠正，也许会让孩子错过矫正感统失调的最佳时期。

误区一："等孩子大一点就好了"

这是很多父母的普遍想法。那么孩子大一点会不会好一些？答案是肯定的。婴幼儿成长最快，尤其在3岁以前，几乎"一天一个样"，家长往往意识不到自己错过了什么。

感统能力并非顺其自然就可以得到发展，后天的科学训练、有目的地去锻炼非常重要。在儿童成长的过程中，如果出现心理、行为上的异常现象而没有被重视，也许会给日后发展留下隐患。在这个阶段，如果家长没有提供足够的训练和学习机会，错过的就是感统训练的最佳时期。

误区二："宝宝，这样不行……那样也不可以"

孩子对世界充满了好奇，跟小伙伴一起玩游戏是很常见的。有些家庭对孩子玩什么有很多限制，太脏、太累、太吵都不行。安安静静坐着就是乖宝宝了吗？适当的游戏活动，可以给孩子带来快乐的情绪，还能启发孩子的想象力和创造力。如果家长实在不放心，那就陪他一起玩吧！

误区三："什么感统训练，等出现问题再说吧"

这种误区源于家长把感统训练视为一种治疗。感统训练对于感统失调的孩子来说确实是一种治疗手段，但是感统训练同时也是促进儿童发展认知能力、

▲ 在家训练声音

学习能力的过程，它不但对智力有影响，对性格、意志也有积极的促进作用。并不是一定要参加各种专业课程，很多训练可以在向专业人士咨询后，利用一些器材在家进行。

误区四："感统训练交给老师就行了"

父母是孩子的第一任老师，也是感统训练中不可替代的辅助人员。家长不但要配合训练人员，也要时时刻刻给孩子鼓励和称赞！亲子交流无可替代，有了家长的参与，才能取得更好的训练效果，也有利于孩子身心健康的发展。

误区五："看看别人家的孩子……你怎么这样"

家长往往有"随大流"的经验，这样的经验有时也会传递给孩子。但是感统训练不同，它尊重个体的各方面真实的发展水平，攀比是没必要的。

每个孩子都有不同的兴趣爱好，家长要引导孩子培养兴趣，鼓励他尝试和坚持，让他养成良好的习惯，让他的天分能得到自由发挥。

在家做感统训练常用的器具

越来越多的家长认识到感统训练对孩子的重要性，但是他们发现家庭场地有限，很难置备齐全的感统训练教具，所以计划还没开始就不得不取消。实际上，生活中有很多物品，完全可以达到专业感统训练教具带来的效果。对孩子进行感统训练其实并没那么复杂，下面这些家中常见的物品，也能带来意想不到的效果。

浴巾

浴巾可以作为"毛巾筒"游戏中的道具。把孩子放在中间，松紧适宜，卷成筒状，露出孩子的头和脚，然后让孩子来回滚动，这样可以起到按摩身体、增加触觉感受的目的。或者把孩子卷好后，用手轻轻按压、揉拍，注意控制力度，这也是增加触觉感受的好方法。

▲ 用浴巾对孩子进行感统训练

梳子

梳子可以作为触觉训练用具，木质和牛角的都可以，以免产生静电。每天早起和睡前给孩子梳头，每次坚持三到五分钟，等孩子学会后，鼓励他自己梳头。梳头具有改善头部血液循环的作用，梳头游戏可以让孩子的头部获得适度刺激，从而改善触觉敏感的问题，也能培养孩子的自理能力。

刷子

刷子有很多妙用，家中可以准备多把，如软毛、硬毛的。家长跟孩子沟通好后，在孩子不同的部位，如前胸、后背、双臂、双脚反复刷，让孩子说出感受，软硬刷子可交替进行，这些活动不仅增加了身体对外界刺激的感觉，还可以预防触觉敏感。

澡巾

家长可以选择用不同质地的澡巾，变换大小交替进行按压、抚摩等，鼓励孩子说出感受，逐渐加大力度，提高孩子的身体感受能力。

吹风机

吹风机也可以作为触觉训练的道具。建议使用有冷、热风的吹风机，对着孩子的身体吹，还可以进行冷热风交替。需要注意，在使用热风时，一定要注意安全，由远到近，不要长时间对着孩子身体的某一个位置吹，以免灼伤。

除了上述日常物品，像跳绳、小皮球、七巧板、彩笔之类的物品也可以作为家庭训练的道具。

▲ 父女在玩七巧板

在家做感统训练的注意事项

在家中进行感觉统合训练，由家长作为主导，以孩子为中心，一般采用的都是常见的生活用品和自制的活动器械。家长通过与孩子一起做游戏，可以提升儿童的感觉统合能力。但在家做感统训练时，有诸多的注意事项。

安全第一

在家进行感统训练，安全是首先要考虑的问题。

1.如果训练需要用到一些器材，那么场地是否足够（宽敞还是狭窄、过

▲ 在家进行感统训练

高还是过矮）、环境是否适
合（需考虑天气、温度、风向
等）、器材状态是否良好（需
要充气的要准备好），这些都
要提前考虑。

2.孩子的准备情况也要
考虑，比如穿合适的衣服、
训练时间的安排、孩子的身

▲ 随时随地做感统训练

体状态、训练的强度设定等。家中杂物都挪开，避免孩子碰伤。

3.训练过程中要给孩子提供保护，提前做好受伤预案，如擦伤、摔伤
等如何处理。

家长态度要一致

1.思想上达成统一认识

家长在思想上对感统训练要达成统一认识。感统训练能改善感统失调孩子
的症状，有必要进行而且需要长时间地坚持。

2.感统训练要得到家庭成员地支持

家庭成员的关注、鼓励和支持对儿童训练有积极意义。有些项目可以转变
为家庭游戏，家庭成员可以成为训练伙伴、辅助人员。另外，在时间安排上，
既不影响其他成员又不影响孩子的正常休息和学习即可。

训练要持之以恒

训练的强度、难度要有保证，要采用循序渐进的方式，既不能急躁，也不
能偷懒，要做好长期准备，坚持进行。训练过程中要注意孩子的变化、兴趣，
随时调整，做有效的训练。

以定期测评为导向

定期进行感统测评很有必要，一般建议6岁之前的孩子每3个月测评一次，
12岁之前每半年进行一次。定期测评让家长可以随时了解孩子的训练成果，及
时调整训练方案，对孩子进行鼓励，对发现的问题及早解决。

在家庭游戏中进行感统训练

触觉家庭训练游戏

※ 赤脚走

适宜： 2~3 岁

目标： 通过脚部接触，给孩子不同的触觉刺激，积累各种感觉经验

操作要点：

1. 天气好的时候，带孩子去室外，光脚在地上走一走。

2. 可以鼓励孩子在泥土路、细沙路、小石子路、草地等不同的路面赤脚走，家长要陪在孩子身边。

3. 孩子感觉不适时可以慢一点，适应之后可以适当加快速度。

4. 时间 10~20 分钟，保证孩子安全的前提下不要过度保护。

▲ 训练孩子赤脚行走

活动延伸：改变不同的地形走不同的路，如上坡、下坡或平坦、弯曲、起伏的路，各种变化都可以去体验。

※ 折飞机

适宜：3~5 岁

目标：锻炼宝宝的触觉和手眼动作的协调性

操作要点：

1. 准备好纸张。

2. 给孩子示范纸飞机的折叠方法和玩法，引起孩子的兴趣。

3. 与孩子一起折，每一步都一起做，直至最后完成。

4. 多折几架飞机，直到学会为止。

5. 小心纸张割伤手指。

活动延伸：家长和孩子进行飞行比赛，或者几个小朋友一起比赛；让孩子去把降落的飞机捡回来，不但对触觉有好处，对孩子的视力、运动、手眼协调都有帮助。除了飞机，还可以折一些孩子感兴趣的东西。

▲ 折飞机

▲ 养成爱洗澡的习惯

※ 爱洗澡

适宜：1~5 岁

目标：通过戏水对孩子进行触觉刺激训练。水温和水的不同刺激力可以强化孩子的肌肤神经，促进触觉的发展

操作要点：

1. 在浴室中进行，浴缸或浴盆、淋浴喷头准备好，水温调到合适的温度。

2. 孩子坐在浴缸或浴盆里，家长用淋浴喷头冲洗孩子身体的不同部位。

3. 注意孩子的感受，如果孩子会表达了，可以让孩子说出感受。

4. 不要烫着孩子或让孩子着凉了，要保证室内温度。

活动延伸：改变水温，冷热交替进行；改变水流的强弱，持续 5 分钟左右，并让孩子说出感受。

※ 大笼球

适宜：3~6 岁

目的：调整触觉敏感，增加触觉学习

操作要点：

1. 先让孩子认识大笼球，熟悉大笼球。

2. 用球把孩子围在墙角，让他想办法从里面挤出来。家长逐渐用力推球，迫使孩子用力向外挤。

3. 保证游戏时间 10 分钟左右。确保孩子的安全，家长注意推球力度，要留给孩子挤出来的机会，增加孩子的信心和兴趣。

活动延伸：家长和孩子互换位置，重复游戏。大笼球的玩法有很多，在家可以开发多种玩法。

〰 前庭觉家庭训练游戏

※ 模仿达人

适宜：1~3 岁

目标：通过爬行动作加强前庭感觉刺激

操作要点：

1. 家长和孩子一起趴在地上，模仿小动物爬行前进，抬头学动物叫声。

2. 孩子可以从家长身下、身边钻行或爬过，围着家长转圈爬。

活动延伸：可以在爬行路线上设置障碍物，增加游戏乐趣；爬行的地面可以设置不同材质的铺垫物，增加触觉感受。

※ 金鸡独立

适宜：3~6 岁

目标：锻炼平衡能力

操作要点：

1. 家长和孩子一起单脚站立。

2. 适应后，试着单脚跳，可以边跳边前行，可以和孩子面对面进行。

活动延伸：几个孩子可以单脚跳，面对面进行撞击，做好地面防护，不必过于担心孩子摔倒。

▲ 练习金鸡独立

※ 倒着也能走

适宜：2~3 岁

目标：培养孩子的空间感、方向感，锻炼平衡能力、身体协调能力

操作要点：

1. 鼓励孩子先试着随意倒着走，感受距离和空间的不同。

2. 等孩子熟悉倒着走的感觉后，要求孩子倒着走直线。

3. 家长可以在前面扶着孩子的双手，进行辅助，但最后一定要让孩子独立完成，记得对孩子的进步给予赞扬和肯定。

※ 跳远比赛

适宜：4~6 岁

目标：强化前庭感觉刺激

操作要点：

1. 准备两个布袋，家长和孩子一起站到袋子里，在前方设好终点。

2. 双手抓住袋子的边缘，身体向上并向前纵跃，与孩子比赛看谁先到达终点。

3. 起跳不要太大，速度不要太快，如果手松开了则要蹲下重新抓起袋子。

活动延伸：设定特殊形状的路线，如果路线比较长，中间可以设置障碍物。可以邀请多个小朋友一起参加。

▲ 开展跳远比赛

〜 本体觉家庭训练游戏

※ 翻滚与摇摆

适宜：1~6岁

目标：体验旋转运动，加强本体感受

操作要点：

1.让孩子躺在地板上或床上，双手举过头顶，左右翻滚。父母也可以和孩子一起进行。

2.让孩子趴在家长的小腿上，家长抓住孩子的手，把他抬高再放下，也可以带着他转圈或摇摆。

活动延伸：运动中可以闭眼睁眼交替进行，能够得到更好的感受。

▲ 练习翻滚与摇摆

※ 上下楼梯

适宜：3~6岁

目标：体验高度变化时重心的变化，加强本体感受

操作要点：

1.选择合适长度的楼梯，有扶手的楼梯更好。

▲ 锻炼上下楼梯

2. 家长可以在孩子的身前、身后保护，让他慢慢下楼梯。经过几次之后，鼓励他自己慢慢下楼梯。

3. 可以倒退着上下楼梯。

※ 转身跳

适宜：3~6 岁

目标：增强空间感受和方向感，强化本体觉刺激

操作要点：

1. 家长示范动作，双臂屈肘张开作为自我保护。

2. 可以先向反方向侧身半圈获得旋转初速度。

3. 向孩子讲解动作要领，增强孩子的运动认知能力，让孩子模仿大人的动作。

活动延伸：可以增加旋转力度，看孩子的能力，可转一圈或一圈半。

✎ 视知觉家庭训练游戏

※ 视觉追踪

适宜：2~4 个月

目标：眼球随着物品移动，提高专注力，增强视知觉，为阅读能力的发展打基础

操作要点：

1. 准备不同颜色、形状、大小的玩具或物品。

2. 取一个小玩具，放在离宝宝眼睛30厘米远的地方。

3. 先用声音招呼宝宝，然后从左到右、从上到下、从近到远不断改变玩具的位置。

4. 每次持续1~5分钟。

5. 移动的速度要尽量慢一点，位置变化可随着宝宝月龄调整。

活动延伸：家长可以用透明的瓶子或管子，装入带颜色的小球，放在离宝宝约20厘米处，让小球在里面慢慢滚动，宝宝的视线会随着小球移动。

※ 涂颜色

适宜：1~4岁

目标：训练视知觉和手眼协调能力

操作要点：

1. 准备彩笔一盒。

2. 家长准备好需要填色的图形，让孩子自由发挥，但要涂在图形中，不要出格。

3. 反复练习。

▲ 涂颜色

4. 根据孩子年龄选取图形的难易程度。

活动延伸：涂色熟练后，让孩子涂些沙画或石膏玩具。

※ 找数字

适宜：2~5 岁

目标：训练视知觉和观察力

操作要点：

1. 准备好若干数字卡片，根据年龄决定卡片的数量。

2. 把数字卡片顺序打乱放在桌子上，要求孩子把卡片按数字大小摆放。

3. 反复练习，游戏时间以 10 分钟为宜。

活动延伸：可以随意说一个或一组数字让孩子挑出来，也可以让孩子在限定的时间内完成找数字任务。

✍ 听知觉家庭训练游戏

※ 听心跳

适宜：0~3 个月

目标：宝宝出生后就有听力，让宝宝倾听妈妈的心跳声，可促进宝宝早期的听力发展

▲ 听心跳

操作要点：

1. 宝宝醒着的时候，抱着宝宝贴近妈妈的心脏，同时用柔和的声音讲话。

2. 妈妈的声音宝宝最熟悉，讲话内容以抚慰孩子为主。

3. 母亲的发音一定要轻柔、有韵律。

活动延伸：可以念儿歌、讲故事，创造丰富的语言刺激。

▲ 谁在敲门

※ 谁在敲门

适宜：3~6 岁

目标：训练听知觉和记忆能力

操作要点：

1. 跟孩子约定好敲门的方式。

2. 家长在外面敲门，孩子在屋内听，让孩子辨认是谁在敲门，并说出原因，反复进行训练。

3. 训练时长约 10 分钟。家长事先要向孩子讲好每个人的敲门方式，让孩子记住，难度可根据孩子的年龄来设定。

活动延伸：可以让孩子记住家里每个人的脚步声、上下楼的声音，然后让孩子尝试去判断是谁在外面来回走。

▲ 听声找物

※ 听声找物

适宜：4~6 个月

目标：训练宝宝的听觉能力

操作要点：

1. 准备金属玩具或者金属物品，制造不同的金属物品落地的声音。

2. 如果宝宝没注意，继续制造物品落地的声音，看孩子是否低头寻找；或让宝宝看着金属玩具落地，让他听到声音，然后再次重复，让他知道低头去寻找掉落的物品。

3. 每次训练 1~3 分钟。声音不能刺耳、声响重复要适当，频繁测验会让孩子失去兴致。

活动延伸：用能发出声响的玩具在宝宝身边摇动或在宝宝手腕上绑一副摇铃，培养宝宝对听觉的敏感度。

※ 绕口令

适宜：4~6 岁

目标：训练孩子的语言模仿能力和听知觉能力

操作要点：

1. 准备几段内容有趣的绕口令。

2. 家长示范，让孩子模仿，反复练习，直到流畅为止。

3. 一开始家长语速要放慢，一字一句地说，让孩子听清楚并记住，便于模仿，然后再进行下一句。

4. 游戏时间约 10 分钟。

活动延伸：可以提高难度，篇幅加长或语速加快等。

精细动作家庭训练游戏

※ 按摩操

适宜：0~3 个月

目标：按摩手指、刺激大脑，促进抓握反射

操作要点：

1. 妈妈用手给宝宝的身体做按摩，按摩部位可以是手部、头部、腹部、背部等。

2. 时间 2~5 分钟。

3. 注意卫生，指甲不

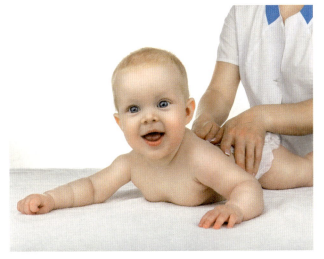

▲ 按摩操

能太长，手上可涂润肤油，以免划伤孩子的皮肤。

活动延伸：可以用小按摩球按摩宝宝的身体。

※ 转拨浪鼓

适宜：10~12 个月

目标：学会转动手腕，训练手腕的灵活性

操作要点：

1. 家长做示范，拿着拨浪鼓用手腕前后转动，发出声音。

2. 家长握住宝宝手腕，教宝宝前后转动，学会转响拨浪鼓。

3. 游戏时间不要太长，3~5 分钟即可，防止手腕疲劳。

活动延伸：可以配上音乐，让宝宝学习，随着音乐转动手腕。

※ 捏橡皮泥

适宜：1~3 岁

目标：训练宝宝手部的压、搓、捏的能力

操作要点：

1. 随意捏橡皮泥，可以指定物品捏出形状，如捏小动物。

2. 让孩子模仿，捏各种熟悉的物品。

3. 时间约 5~10 分钟。橡皮泥要选环保型的。

活动延伸：捏面团，蒸成食物，提高孩子的兴趣。

▲ 捏橡皮泥